AF314717

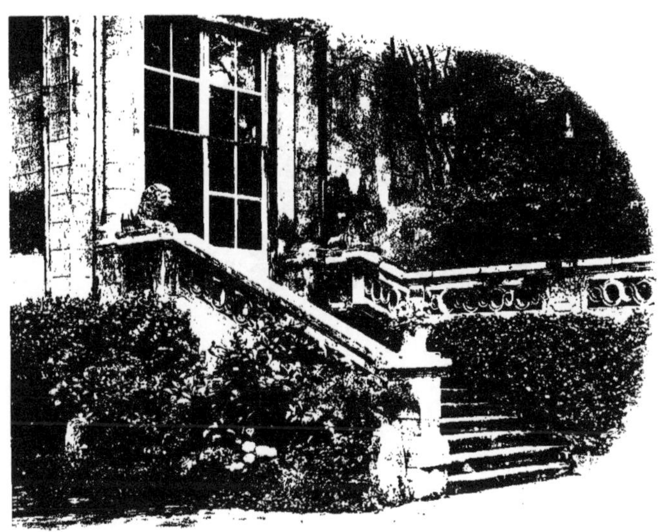

HOTEL DES VENTES DE ROUEN

Décembre 1910

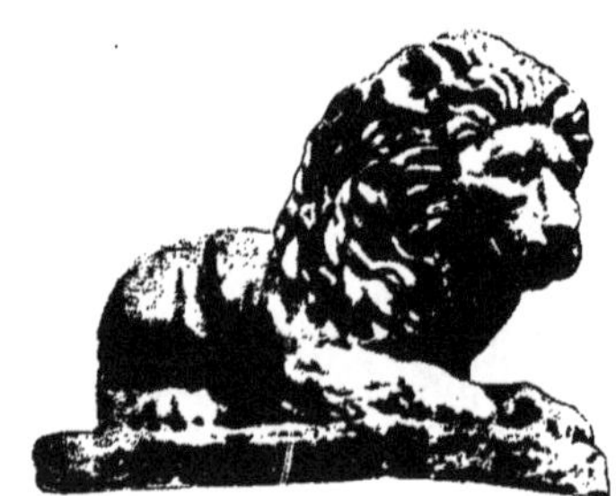

Imp. L. Wolf
Rouen

TABLEAUX

MEUBLES, TAPISSERIES, BRONZES

SCULPTURES ET PORCELAINES

BIJOUX ET MINIATURES

MANUSCRITS, LIVRES ET EX-LIBRIS

TIMBRES-POSTE

ESTAMPES ET IMAGES HISTORIQUES

CONDITIONS DE LA VENTE

La vente sera faite au comptant.

Les acquéreurs paieront *dix pour cent* en sus des prix d'adjudication.

L'Exposition mettant le public à même de se rendre compte de l'état des objets, aucune réclamation ne sera admise une fois l'adjudication prononcée.

COLLECTIONS

de feu M. de BELLEGARDE

.

CATALOGUE

des

TABLEAUX
MEUBLES, TAPISSERIES, BRONZES
SCULPTURES ET PORCELAINES
BIJOUX ET MINIATURES
MANUSCRITS, LIVRES ET EX-LIBRIS
TIMBRES-POSTE
ESTAMPES ET IMAGES HISTORIQUES

DONT LA VENTE AURA LIEU A

Rouen, Hôtel des Ventes

Rue Saint-Nicolas, 46

Les 12-13-14-15-16 et 17 Décembre 1910 et jours suivants. s'il y a lieu

A 1 H. 1/2 DE L'APRÈS-MIDI

LES COMMISSAIRES-PRISEURS | **MM. SORTAIS, WILLIAMSON**
DE ROUEN | *Experts près les Tribunaux*

LE CATALOGUE EST DISTRIBUÉ :

A ROUEN, Hôtel des Ventes ; à PARIS, chez M. SORTAIS, 11, Rue Scribe

EXPOSITIONS

En l'Hôtel de M. de BELLEGARDE, Rue Faucon, 1, à Rouen

Particulière : le Lundi 5 — Publique : le Mardi 6 Décembre 1910

De 1 h. 1/2 à 4 heures

TABLEAUX & PORTRAITS

ADRIAENSSEN
(A.)

1. — *Nature morte : Poissons.*

> École hollandaise, xviiᵉ siècle.
> Signé et daté 1640.
> Cadre.
> Bois. Haut. : 0ᵐ19 : larg. : 0ᵐ25.

2. — *Nature morte : Oiseaux.*

> École hollandaise, xviiᵉ siècle.
> Pendant du précédent.
> Cadre.
> Bois. Haut. : 0ᵐ19 : larg. : 0ᵐ25.

BELLE
(École de A.-S.)

3. — Portrait de dame de qualité, en buste, robe bleue.

> École française, xviiiᵉ siècle.
> Cadre Louis XIV en bois sculpté et doré.
> Toile. Haut. : 0ᵐ80 : larg. : 0ᵐ65.

BLONDEL
(École de)

4-5. — Deux portraits, en buste, forme ovale : M. et Mᵐᵉ de Belle-garde.

> École française, xixᵉ siècle.
> Cadres dorés à moulures.
> Toiles. Haut. : 0ᵐ65 : larg. : 0ᵐ55.

BOUT (P.) et BOUDEWYNS (A.-F.)

6. — *Cérémonie à l'entrée d'une église.*

>Ecole flamande, xvıı° siècle.
>Cadre Louis XIII en bois sculpté et doré.
>Bois. Haut. : o^m29 ; larg. : o^m41.

BRAKENBURG

(R.)

7. — *La Guérisseuse.*

>Ecole hollandaise, xvıı° siècle.
>Cadre.
>Bois. Haut. : o^m56 : larg. : o^m42.

CARESME

(Attribué à J.-P.)

8. *Triomphe de Bacchus et Sacrifice à Priape.* Deux pendants.

>Ecole française, xvııı° siècle.
>Cadres Louis XIII en bois sculpté et doré.
>Toiles. Haut. : o^m45 : larg. : o^m55.

CHAMPAGNE

(d'après Ph. DE)

9. — Portrait présumé du Conseiller de Bellelièvre, en buste.

>Ecole française, xvıı° siècle.
>Cadre Louis XIV en bois sculpté et doré.
>Toile. Haut. : o^m80 ; larg. : o^m65.

CLOUET

(Ecole des)

10. — Portrait, en buste, d'une dame de qualité vue de face ; riche costume noir brodé d'or ; collier de perles et pendentif.

>Ecole française, xvı° siècle.
>Cadre Louis XVI en bois sculpté et doré.
>Toile. Haut. : o^m57 : larg. : o^m42.

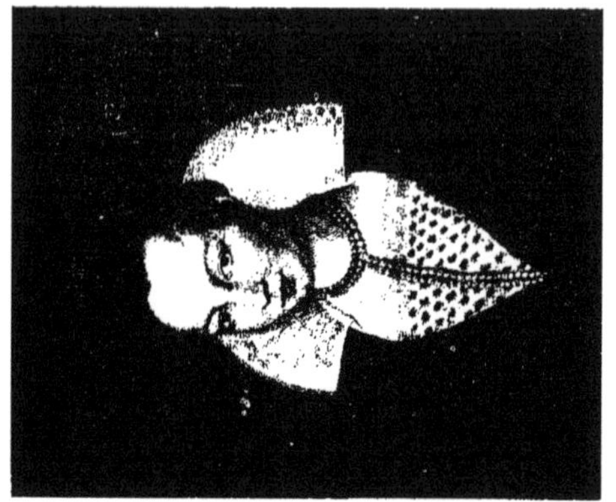

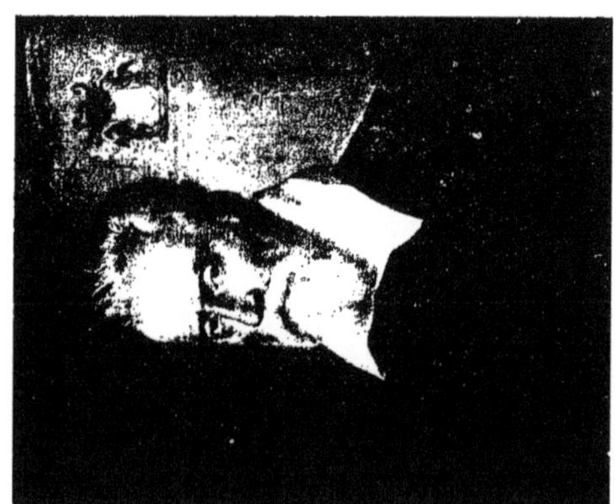

CODDE

(Attribué à P. DE)

11. — *Festin de famille dans une salle seigneuriale.*

> École hollandaise, XVII° siècle.
> Cadre.
> Bois. Haut. : 0m85; larg. : 1m43.

Nota. — Cette Peinture ayant souffert, il est presque impossible de déterminer si elle est l'œuvre de PALAMÈDES, PETER QUAST, ou bien encore de DIRK HALS, artistes flamands, dont la composition et le style des œuvres ont beaucoup de similitude.

DE LA PORTE

(ÉCOLE DE R.)

12. — *Nature morte : Orfèvrerie et pêches.*

> École française, XVIII° siècle.
> Cadre Louis XIV en bois sculpté et doré.
> Haut. : 0m55; larg. : 0m44.

DUMONSTIER

(ÉCOLE DE E.)

13. — Portrait, en buste, d'un vieillard de 78 ans, en pourpoint noir ; invocation en latin sur le fond.

> École française, XVI° siècle.
> Cadre Louis XVI en bois sculpté et doré.
> Toile. Haut. : 0m55; larg. : 0m46.

FRAGONARD

(ÉCOLE DE J.-H.)

14. — *Moine en prières.*

> École française, XVIII° siècle.
> Cadre Louis XIV en bois sculpté et doré.
> Toile. Haut. : 0m61; larg. : 0m62.

GOSSAERT, dit DE MABUSE

(ÉCOLE DI)

15. — *Portrait de femme.*

> École flamande, XVI° siècle.
> Cadre Louis XIII en bois sculpté et doré.
> Bois. Haut. : 0m40; larg. : 0m32.

HEEM
(ECOLE DE J.-D. DE)

16. — *Nature morte : Fruits.*

> Ecole hollandaise, xviiᵉ siècle.
> Cadre Louis XIV en bois sculpté et doré.
> Toile. Haut. : 0ᵐ46; larg. : 0ᵐ39.

HOET
(Attribué à G.)

17. — *Joueurs au cabaret.*

> Ecole hollandaise, xviiᵉ siècle.
> Cadre en bois sculpté et doré.
> Toile. Haut. : 0ᵐ35; larg. : 0ᵐ42.

KESSEL
(ECOLE DE VAN)

18. — *Nature morte : Apprêts d'un déjeuner.*

> Ecole flamande, xviiᵉ siècle.
> Cadre Louis XIV en bois sculpté et doré.
> Cuivre. Haut. : 0ᵐ21; larg. : 0ᵐ27.

LANDELLE
(C.)

19 — *Le Petit Montreur de marmottes.*

> Ecole française, xixᵉ siècle.
> Cadre.
> Signé et daté 1840.
> Toile. Haut. : 0ᵐ22; larg. : 0ᵐ16.

LE BRUN
(ECOLE DE C.)

20. — Portrait, en œil-de-bœuf, à mi-corps, d'un chevalier en cuirasse, rubans rouges, justaucorps en drap d'or.

> Ecole française, xviiᵉ siècle.
> Cadre Louis XIV en bois sculpté et doré.
> Toile. Haut. : 0ᵐ80; larg. : 0ᵐ65.

LE NAIN
(Ecole des Frères)

21. — Portrait de M. Bretel de Grémonville, conseiller, en buste, coiffé de sa toque.

> École française, xviiᵉ siècle.
> Cadre.
> Toile. Haut. : 0ᵐ65 ; larg. : 0ᵐ54.

LE PRINCE
(Ecole de J.-B.)

22. — *La Toilette de la Sultane*, dessus de porte.

> École française, xviiiᵉ siècle.
> Cadre Louis XV en bois sculpté et doré.
> Toile. Haut. : 0ᵐ75 ; larg. : 0ᵐ95.

NATTIER
(Ecole de J.-M.)

23. — Portrait en buste, de face, d'une dame de qualité à sa toilette.

> École française, xviiiᵉ siècle.
> Cadre Louis XIV en bois sculpté et doré.
> Toile. Haut. : 0ᵐ81 ; larg. : 0ᵐ65.

NATTIER
(Ecole de J.-M.)

24. Portrait, à mi-corps, de Mᵐᵉ de la Charolais, abbesse de Fontevrault.

> École française, xviiiᵉ siècle.
> Cadre Louis XIV en bois sculpté et doré.
> Toile. Haut. : 0ᵐ80 ; larg. : 0ᵐ65.

NETSCHER
(Attribué à C.)

25. — *Le Bijou*. Deux personnages.

> École hollandaise, xviiiᵉ siècle.
> Cadre Régence en bois sculpté et doré.
> Bois. Haut. : 0ᵐ36 ; larg. : 0ᵐ29.

NETSCHER

(Attribué à G.)

26. — *Portraits présumés de jeunes princes et princesses d'Orange.*

      École hollandaise, xvii⁰ siècle.
      Cadre.
      Toile. Haut. : 0ᵐ52 ; larg. : 0ᵐ43.

OSTADE

(ÉCOLE DE A. VAN)

27. — *La Rixe.*

      École hollandaise, xvii⁰ siècle.
      Cadre.
      Toile. Haut. : 0ᵐ40 ; larg. : 0ᵐ50.

OUDRY (LE FILS)

(J.-C.)

28. — *Nature morte : Lièvre et perdrix.*

      École française, xviii⁰ siècle.
      Signé et daté 1766.
      Cadre.
      Toile. Haut. : 0ᵐ77 ; larg. : 0ᵐ63.

29. — *Nature morte : Canard et bécasse.*

      École française, xviii⁰ siècle.
      Signé et daté 1766.
      Cadre.
      Toile. Haut. : 0ᵐ77 ; larg. : 0ᵐ63.

PELLET

(A.)

30. — Portrait, à mi-corps, de Françoise C. Cléret de Rampan ; corsage de satin jaune.

      Signé et daté 1753.
      École française, xviii⁰ siècle.
      Cadre Louis XV en bois sculpté et doré.
      Toile. Haut. : 0ᵐ80 ; larg. : 0ᵐ65.

PELLET
(A.)

31. — Portrait, à mi-corps, en pendant du précédent, de P. de Raoul d'Esneval, conseiller.

> Signé et daté 1753.
> École française, xviii° siècle.
> Cadre Louis XV en bois sculpté et doré.
> Toile. Haut. : 0ᵐ80 ; larg. : 0ᵐ65.

POUSSIN
(École de N.)

32. — *Moïse sauvé des eaux.*

> École française, xvii° siècle.
> Cadre.
> Toile. Haut. : 1ᵐ15 ; larg. : 1ᵐ50.

RIGAUD
(D'après H.)

33. — Portrait, à mi-jambes, du Conseiller d'Esneval, assis.

> École française, xviii° siècle.
> Cadre Louis XIV en bois sculpté et doré.
> Toile. Haut. : 1ᵐ18 ; larg. : 0ᵐ89.

ROOS DE TIVOLI
(École de P.)

34. — *Deux Dessus de portes,* encadrés.

> École allemande, xvii° siècle.
> Toiles. Haut. : 0ᵐ34 ; larg. : 1ᵐ20.

SCHALKEN
(École de G.)

35. — *Le Cavalier entreprenant.*

> École flamande, xvii° siècle.
> Cadre.
> Toile. Haut. : 0ᵐ23 ; larg. : 0ᵐ29.

SÈVE
(École de P. de.)

36. — Portrait, à mi-jambes, d'un gentilhomme couvert d'un manteau
à fourrure.

>   École française, xviiie siècle.
>   Cadre Louis XIV en bois sculpté et doré.
>   Toile. Haut. : 1m30 ; larg. : 0m97.

TOURNIÈRES-LEVRAC (dit
(R.)

37. — Portrait, à mi-jambes, du Chancelier d'Aguesseau, assis dans un
fauteuil doré et portant les ordres du Roi.

>   École française du xviiie siècle.
>   Cadre Louis XIV en bois sculpté et doré, avec écussons et attributs
>   royaux.
>   Toile. Haut. : 1m45 ; larg. : 1m13.

TOURNIÈRES-LEVRAC (dit
(Attribué à R.)

38. — Portrait, à mi-corps, de Mrs L.-F. Le Faë du Boschthéroulde,
conseiller.

>   Daté 1707.
>   École française, xviiie siècle.
>   Cadre Louis XIV en bois sculpté et doré.
>   Toile. Haut. : 0m97 ; larg. : 0m73.

VERNET
(École de J.)

39. — *Lever de soleil sur la Méditerranée.*

>   École française, xviiie siècle.
>   Cadre Louis XVI en bois sculpté et doré.
>   Toile. Haut. : 0m49 ; larg. : 0m65.

VESTIER
(Attribué à A.)

40. — Portrait, en buste, forme ovale, d'un officier en habit bleu, portant
la perruque à marteau.

>   École française, xviiie siècle.
>   Cadre bois doré à moulures.
>   Toile. Haut. : 0m65 ; larg. : 0m51.

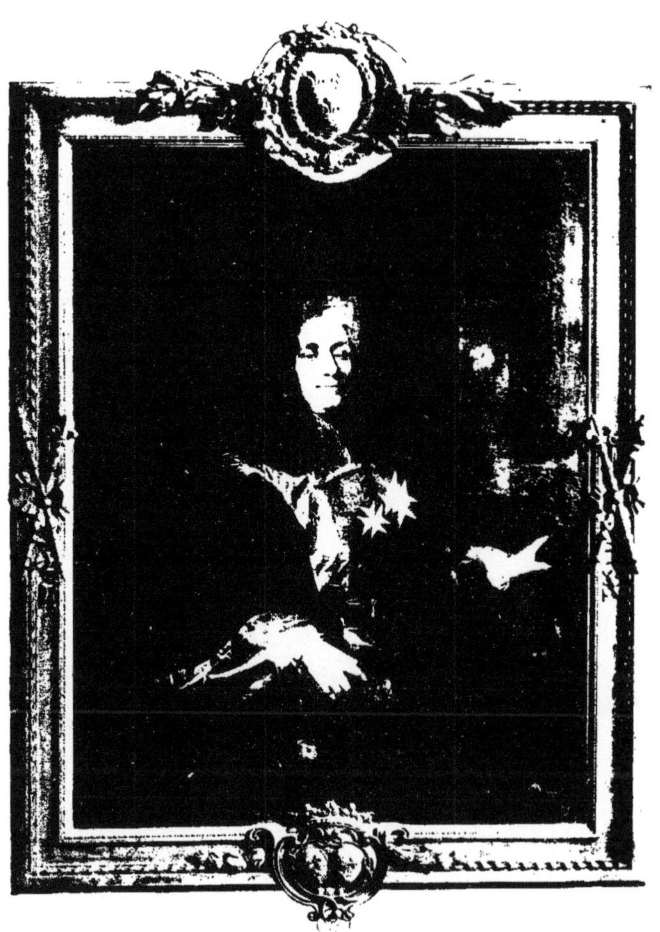

WATTEAU

(D'après A.)

41. — *Concert dans un parc.*

> École française, XVIIIe siècle.
> Cadre.
> Bois. Haut. : 0^m34; larg. : 0^m26.

WEENIX

(Attribué à J.)

42. — *Nature morte : Oiseaux.*

> École hollandaise, XVIIe siècle.
> Cadre Louis XIII en bois sculpté et doré.
> Toile. Haut. : 0^m50; larg. : 0^m40.

ÉCOLE FRANÇAISE

(XVIIe siècle)

43. — Portrait, à mi-jambes, de Mgr le cardinal de Bretel, assis, avec armoiries.

> Cadre Louis XIV en bois sculpté et doré.
> Toile. Haut. : 0^m80; larg. : 0^m65.

ÉCOLE FRANÇAISE

(XVIIe siècle)

44. — Portrait en buste, de face, d'un Président de Parlement.

> Cadre Louis XIV en bois sculpté et doré.
> Toile. Haut. : 0^m80; larg. : 0^m65.

ÉCOLE FRANÇAISE

(XVIIe siècle)

45. — Portrait à mi-corps, forme ovale, de dame âgée, en robe noire, brodée d'or, dentelle et mantille.

> Cadre Louis XIV en bois sculpté et doré.
> Toile. Haut. : 0^m93; larg. : 0^m75.

ÉCOLE FRANÇAISE
(xviiͤ siècle)

46. — Portrait à mi-corps, forme ovale, de M. de Bardouville, conseiller,
en robe noire, avec rabat.

> Cadre Louis XIV en bois sculpté et doré.
> Toile. Haut. : 0ᵐ93 ; larg. : 0ᵐ75.

ÉCOLE FRANÇAISE
(xviiͤ siècle)

47. — Portrait, à mi-corps, forme ovale, d'un Conseiller en robe violette à parements rouges.

> Cadre Louis XIV en bois sculpté et doré.
> Toile. Haut. : 0ᵐ40: larg. : 0ᵐ33.

ÉCOLE FRANÇAISE
(xviiiͤ siècle)

48. — Portrait du Chancelier Pompone de Bellelièvre, en buste, pourpoint noir.

> Cadre Louis XIV en bois sculpté et doré.
> Toile. Haut. : 0ᵐ80 ; larg. : 0ᵐ65.

ÉCOLE FRANÇAISE
(xviiiͤ siècle)

49. — Portrait en buste, forme ovale, d'un gentilhomme en armure, de
la famille Bretel de Grémonville.

> Cadre Louis XIV en bois sculpté et doré.
> Toile. Haut. : 0ᵐ80: larg. : 0ᵐ65.

ÉCOLE FRANÇAISE
(xviiiͤ siècle)

50. — Portrait, en buste, d'un gentilhomme en armure, orné des ordres
du Roi, de la famille Bretel de Grémonville.

> Cadre Louis XIV en bois sculpté et doré.
> Toile. Haut. : 0ᵐ80: larg. : 0ᵐ65.

ÉCOLE FRANÇAISE

(xviii' siècle)

51. — Portrait, à mi-jambes, d'une dame de qualité en bergère.

> Cadre Louis XIV en bois sculpté et doré.
> Toile. Haut. : 0m80; larg. : 0m55.

ÉCOLE FRANÇAISE

(xviii' siècle)

52. — Portrait en buste, forme ovale, de Msr l'Evêque de Loménie, portant la croix pestorale.

> Cadre Louis XIV en bois sculpté et doré.
> Toile. Haut. : 0m74: larg. : 0m60.

ÉCOLE FRANÇAISE

(xviii' siècle)

53. — Portrait du Conseiller d'Esneval.

> Cadre Louis XIV en bois sculpté et doré.
> Toile. Haut. : 0m80: larg. : 0m65.

ÉCOLE FRANÇAISE

(xviii' siècle)

54. — Portrait, à mi-jambes, d'un Président de Parlement, assis près d'une console dorée.

> Cadre Louis XIV en bois sculpté et doré.
> Toile. Haut. : 1m35: larg. : 1m.

ÉCOLE FRANÇAISE

(xviii' siècle)

55. — Portrait, à mi-corps, forme ovale, d'un jeune gentilhomme en armure, portant le grand cordon de l'ordre de Saint-Louis.

> Cadre Louis XIV en bois sculpté et doré.
> Toile. Haut. : 0m40: larg. : 0m33.

ÉCOLE FRANÇAISE

(xviiiᵉ siècle)

56. — *Mariage mystique de sainte Catherine.*

> Cadre.
> Toile. Haut. : 0ᵐ34; larg. : 0ᵐ26.

ÉCOLE FRANÇAISE

(xixᵉ siècle)

57-58. — Deux aquarelles encadrées : M. et Mᵐᵉ de Bellegarde.

ÉCOLE FRANÇAISE

(xixᵉ siècle)

59. — *Le Dominicain.*

> Cadre Louis XIII en ébène guilloché.
> Toile. Haut. : 0ᵐ54; larg. : 0ᵐ46.

ÉCOLE ESPAGNOLE

60. — *Miracle.*

> Cadre.
> Toile. Haut. : 0ᵐ40; larg. : 0ᵐ34.

ÉCOLE ITALIENNE

(xviiᵉ siècle)

61. — *Le Fromage blanc.* Repas, quatre personnages.

> Cadre Louis XIV en bois sculpté et doré.
> Toile. Haut. : 0ᵐ81; larg. : 0ᵐ98.

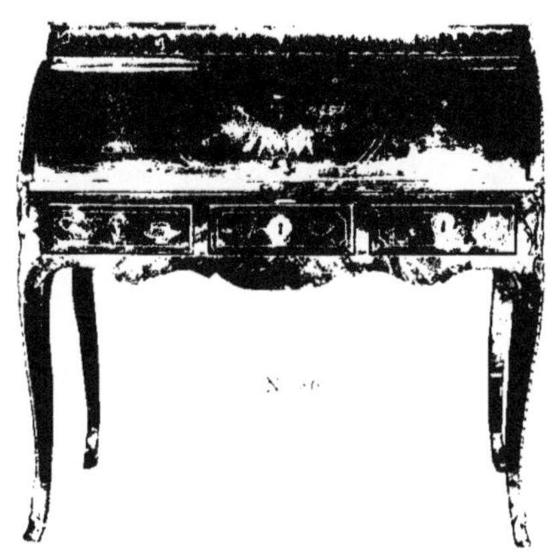

N° 60

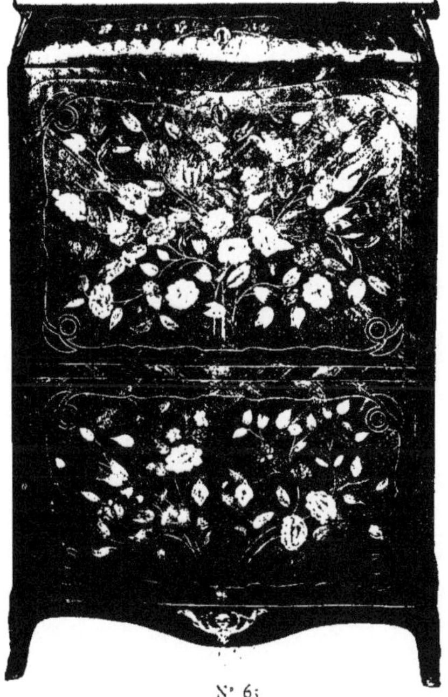

N° 6j

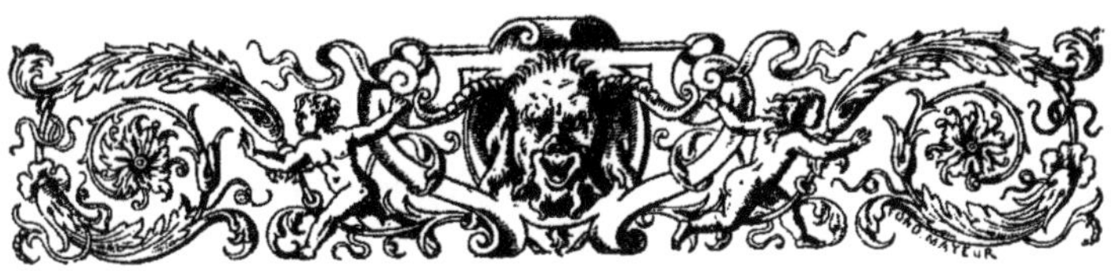

MEUBLES, BRONZES, SIÈGES
TAPISSERIES

62. — Lit Empire en acajou, orné de bronzes ciselés et dorés.

> Larg. : 0ᵐ97

63. — Buffet à étagère en chêne sculpté, formé d'éléments des xvιᵉ et xvιιᵉ siècles, un vantail.

> Long. : 1ᵐ00.

64. — Bonheur du jour, formant bureau de dame Louis XVI, en marqueterie à damier et médaillon, 1 tiroir dans la ceinture, 4 tiroirs à l'intérieur, ornements et galerie en cuivre.

> Larg. : 0ᵐ74.

65. — Secrétaire à abattant Louis XV en marqueterie à fleurs, orné de bronzes ciselés et dorés, dessus en marbre, 2 vantaux, 6 tiroirs.

> Larg. : 0ᵐ93.

66. — Secrétaire à abattant Louis XVI en marqueterie à médaillon de vases et attributs, 2 vantaux, 1 tiroir, 6 tiroirs à l'intérieur, dessus en marbre Sainte-Anne.

> Larg. : 0ᵐ97.

67. — Cabinet, travail italien du XVIIᵉ siècle, en marqueterie de noyer, d'ébène et d'écaille, à tiroirs revêtus de plaques de marbre, peint à sujets de monuments et de paysages et entourés d'appliques en cuivre doré, la partie centrale à niche, colonnes et glaces, dessus à galerie.

> Haut. : 1ᵐ10 ; larg. : 1ᵐ15.

68. — Cabinet à armoire, style Renaissance, en noyer sculpté, à plaques de marbre, colonnes, fronton découpé et statuette de l'*Abondance*, 4 vantaux.

Haut. : 2^m05 ; larg. : 1^m06.

69. Cabinet Louis XIII en marqueterie de noyer, d'ébène et d'écaille, incrusté de dessins en étain, le haut à 2 vantaux, 1 niche et 13 tiroirs divers, le bas à 2 vantaux et 2 tiroirs.

Haut. : 1^m90 ; Larg. : 1^m07.

70. — Cabinet hispano-mauresque du XVe siècle en bois de palissandre recouvert de plaques découpées en cuivre doré, à poignées, 2 vantaux recouvrant de nombreux tiroirs à devanture en bois sculpté et émaillé. Il est posé sur un coffre à poignées, dont la façade est recouverte de plaques en bois sculpté et doré, à 4 tiroirs.

Haut. : 1^m62 ; larg. : 1^m15.

71. Cabinet Louis XIII en noyer encadré d'ébène guilloché, le corps du haut à 11 tiroirs et niche à portiques peints et à glaces, tiroirs à secrets, le bas à armoire, les 4 vantaux à médaillons octogones de fleurs peintes, bronzes ciselés. Travail hollandais.

Haut. : 1^m95 ; larg. : 1^m30

72. Cabinet Louis XIII en bois noir sculpté, à 2 vantaux recouvrant de nombreux tiroirs et 1 portique en marqueterie, piètement en bois noir sculpté à colonnes.

Long. : 1^m55.

73. — Meuble à étagère, style XVe siècle, en bois sculpté, peint et doré, vantaux et tablettes.

Haut. : 2^m55 ; larg. : 1^m62.

74. Meuble semblable au précédent, il renferme des éléments anciens.

Haut. : 2^m47 ; larg. : 1^m73.

75. Armoire en chêne sculpté Louis XIII, à compartiments, cariatides, chûtes de fruits et ornements, 4 vantaux et 2 tiroirs, fronton à jour représentant un aigle aux ailes éployées.

Haut. : 2^m48 ; larg. : 1^m77.

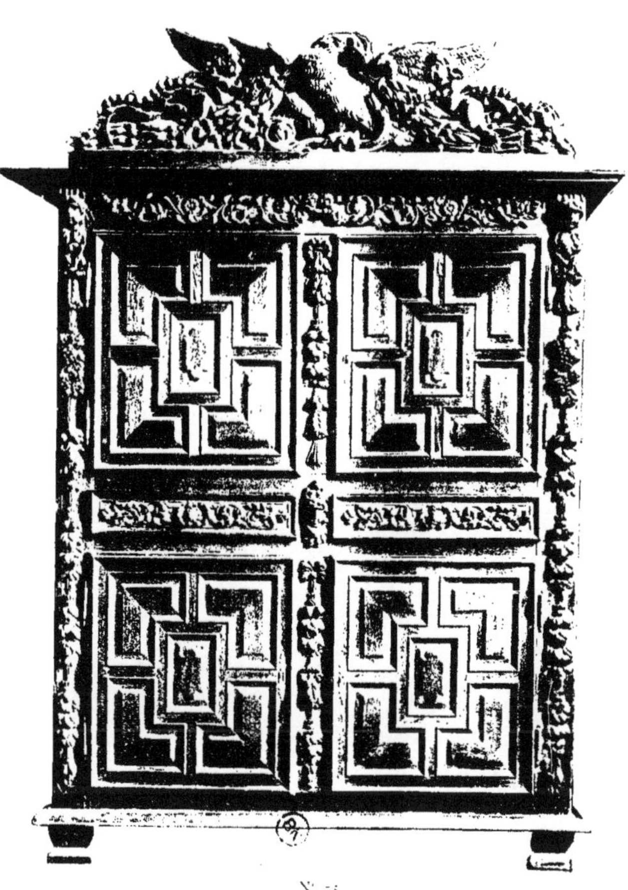

N° 5

76. Coffre octogone italien en marqueterie incrustée d'os, et renfermant des panneaux en ivoire scuplté, du XVe siècle.

Haut. : 0^m37 : larg. : 0^m40.

77. — Coffret italien, XVIIe siècle, marqueterie et ivoire.

Larg. : 0^m16.

78. — Bibliothèque en acajou, 2 vantaux, le bas à 5 tiroirs à poignées en cuivre.

Haut. : 2^m15 : larg. 1^m10.

79. Chiffonnier Louis XVI en marqueterie de bois de violet et de rose, 6 tiroirs, bronzes ciselés et dorés, dessus en marbre Sainte-Anne.

Larg. : 0^m97.

80. — Commode Louis XIV, chantournée, en marqueterie de palissandre, 5 tiroirs, ornements en bronze ciselé et doré, dessus en marbre.

Long. : 1^m30.

81. Commode Louis XVI en marqueterie à fleurs et attributs, 2 tiroirs, ornée de bronzes ciselés et dorés.

Long. : 1^m15.

82. Encoignure Louis XV en bois noir laqué or, un vantail, ornements en bronze ciselé et doré, dessus en marbre blanc.

Larg. : 0^m80.

83. — Bureau plat Louis XVI en acajou à moulures, 4 tiroirs, dont 1 à caisse.

Long. : 1^m30.

84. Bureau à deux corps en marqueterie d'étain et de palissandre, 8 tiroirs par le haut, 7 tiroirs par le bas, pieds contournés, quelques bronzes dorés. Travail italien du commencement du XVIIIe siècle.

Long. : 1^m13.

85. — Bureau à deux corps, de forme chantournée, en bois laqué et burgauté, à dorures, 4 tiroirs, dont 1 forme tablette à écrire, nombreux tiroirs dans le corps du haut. Travail hollandais du commencement du XVIIIe siècle.

Larg. : 1^m04.

86. — Bureau à cylindre Louis XV en marqueterie à sujets de vases et d'attributs, bronzes ciselés et dorés, 6 tiroirs.

> Larg. : 0m97.

87. — Table à écrire Louis XVI en marqueterie à rosaces, 2 tiroirs, entrées de serrures en bronze doré.

> Long. : 0m97.

88. — Table de nuit ovale Louis XVI en acajou, à cylindre, dessus en marbre, galerie en cuivre.

> Long. : 0m48.

89. — Table tricoteuse Louis XVI à étagère, en marqueterie d'acajou et de bois noir.

> Long. : 0m56.

90. — Table tricoteuse semblable à la précédente.

> Long. : 0m55.

91. — Table à ouvrage Louis XVI en marqueterie à damier, 3 tiroirs, tablette entre-jambes, dessus en marbre blanc, ornements en bronze doré.

> Larg. : 0m40.

92. Table à ouvrage Louis XV en marqueterie, 2 tiroirs, ornements en bronze ciselé et doré.

> Long. : 0m48.

93. Piétement de table Louis XIII en noyer, montants et entre-jambes tournés.

> Long. : 0m83.

94. Table de milieu octogone en bois sculpté et tourné, piétement de l'époque de la Renaissance, à cariatides grotesques, les 4 montants supportés par des lions sculptés.

> Long. : 1m40.

95. Table à quadrille Louis XVI en marqueterie de bois de violet et de rose ; elle forme bureau.

> Long. : 0m87.

96. — Table Louis XIV en marqueterie de bois noir sur fond de cuivre, pieds dorés à gaîne, reliés par un croisillon.

Long. : o{m}74.

97. — Table Louis XIII en chêne, pieds à 4 pans, reliés par un croisillon chantourné à moulures.

Long. : o{m}95.

98. — Table Louis XIII en bois sculpté, 1 tiroir, traverse entre-jambes.

Long. : o{m}80.

99. — Table Louis XIII en bois sculpté, pieds à volutes, traverse entre-jambes.

Long. : o{m}72.

100. — Table Louis XIII en chêne, pieds tournés, entre-jambes, 1 tiroir.

Long. : o{m}70.

101. — Table Louis XIII en noyer, pieds tournés, entre-jambes, 1 tiroir.

Long. : o{m}71.

102. — Table Louis XIII en noyer, 1 tiroir, pieds et entre-jambes tournés.

Long. : o{m}63.

103. — Table Louis XIII en noyer, 2 tiroirs, pieds et entre-jambes tournés.

Long. : 1{m}3o.

104. — Console Empire en acajou, pieds à griffes, fond à glace, ornements en bronze ciselé et doré, dessus en marbre bleu turquin.

Long. : 1{m}65.

105. Console Louis XIV en bois sculpté au naturel, 4 montants à têtes de femmes, reliés par un entre-jambes à volutes, dessus en marbre vert.

Long. : 1{m}23.

106. — 2 Consoles jumelles Louis XV en bois sculpté, mis au noir et en partie doré, dessus en marbre.

Long. : o{m}73.

107. — Paire de Consoles d'applique en bois sculpté, têtes de nègres, XVIIe siècle.

> Haut. : 0^m30.

108. — Miroir à cadre en bois sculpté et doré. Travail italien du XVIIe siècle.

> Haut. : 1^m11.

109. — Miroir biseauté, dans un cadre Louis XIII en bois sculpté et doré, avec couronnement.

> Haut. : 1^m65 ; larg. : 0^m90.

110. — Vitrine plate en bois noir.

> Long. : 0^m88.

111. — Vitrine plate en bois noir.

> Long. : 0^m68.

112. — Vitrine droite en bois noir, surmontant une partie plate.

> Haut. : 0^m85 ; larg. : 1^m10.

113. — Banquette Louis XIII en noyer sculpté, à dossier et accotoirs.

> Long. : 1^m30.

114. — Fauteuil Louis XIV en bois sculpté et doré, couvert en tapisserie au point.

115. — Fauteuil Louis XIV en bois sculpté, couvert en tapisserie au point.

116. — Fauteuil Louis XIV en bois sculpté, couvert en tapisserie au point.

117. — Canapé Louis XVI en bois sculpté au naturel, couvert en drap cramoisi.

> Long. : 1^m13.

118. — 2 Bergères Louis XVI en bois sculpté au naturel, couvertes en velours gaufré cramoisi, coussins.

119. — 6 Fauteuils Louis XVI en bois sculpté au naturel, couverts en velours gaufré cramoisi.

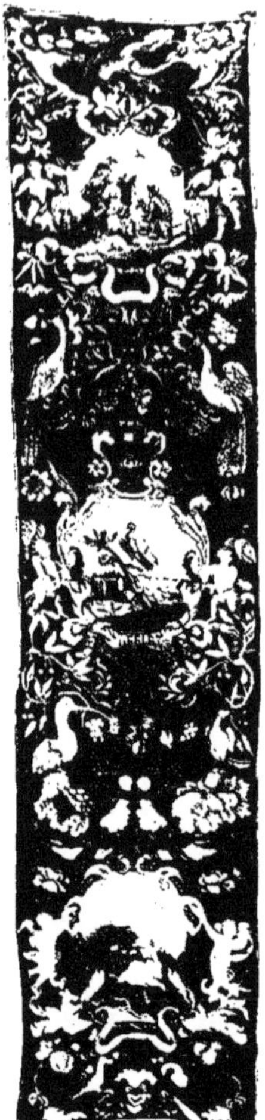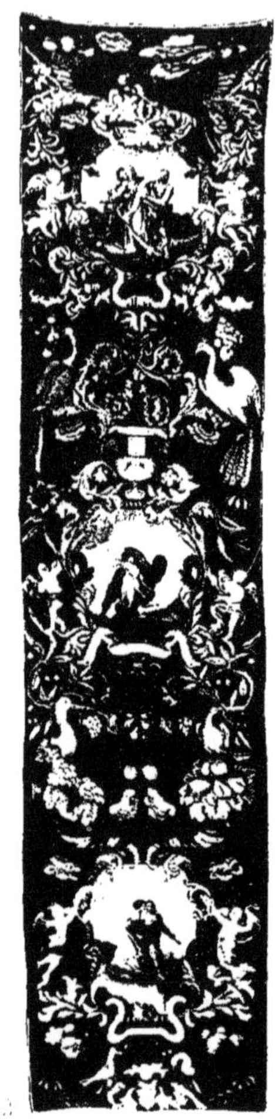

N° 124

120. — 6 Chaises Louis XVI en bois sculpté au naturel, couvertes en velours gaufré cramoisi. Les dossiers à jour renferment les initiales entrelacées suivantes : L M, E M, G M, A L, C C, C D.

121. Bergère de l'époque de Louis XV en bois sculpté au naturel, couverte en velours d'Utrecht cramoisi, avec coussins.

122. — 4 Fauteuils de l'époque de Louis XVI en bois sculpté au naturel, accotoirs à balustre, couverts en velours gaufré.

123. — Bergère de l'époque de Louis XV en noyer sculpté, couverte en velours gaufré, avec coussin.

124. — 4 Bandes en tapisserie au point Louis XIII, à personnages et ornements.

> Long. : 3 mètres ; larg. : 0^{m}65.

125. — Bande transversale en tapisserie au point Louis XIII, à ornements.

> Long. : 2^{m}75 ; larg. : 0^{m}48.

126. — Ecran en bois sculpté, époque Louis XIII, couvert en tapisserie au point.

127. — 2 Décors de fenêtre, en lampas Empire, dessin jaune sur fond cramoisi, galeries sculptées à couronnes.

> Haut. : 3 mèrtes ; larg. : 2 mètres.

128. Lustre hollandais, xviie siècle, en cuivre verni, 6 lumières.

> Haut. : 0^{m}55.

129. — Lustre en verrerie de Venise à rinceaux, 6 lumières.

> Haut : 1^{m}10.

130. Lustre Empire, à 6 lumières, en bronze ciselé, patiné et doré, disposé pour l'électricité et pour l'éclairage à l'huile.

> Haut. : 1^{m}10.

131. — Lustre Empire en bronze ciselé et doré, orné de cristaux, 12 lumières, disposé pour l'électricité.

> Haut. : 1^{m}50.

132. — Paire de bras d'applique Louis XV en bronze ciselé et doré,
2 lumières, surmontés de vases.

Haut. : 0^m44.

133. — Paire de bras d'applique Louis XVI en bronze ciselé et doré,
2 lumières, surmontés de vases.

Haut. : 0^m45.

134. — Cartel d'applique Louis XV en bronze ciselé et doré, surmonté
d'un Amour tenant une boule.

Haut. : 0^m60.

135. — Pendule d'applique Louis XIV en marqueterie de cuivre et
d'écaille, ornée de bronzes ciselés et dorés, surmontée d'une statuette
de la Victoire, socle cul-de-lampe assorti.

Haut. : 1^m55.

136. — Pendule Louis XV en bronze ciselé et doré, surmontée d'un
Amour et posée sur un socle assorti.

Haut. : 0^m50 : larg. : 0^m40.

137. — Pendule Louis XV en bronze ciselé, doré et patiné, mouvement
supporté par un lion, tour de cadran et aiguilles en acier à émaux.

Haut. : 0^m23.

138. — Pendule d'applique Louis XIV, forme religieuse, en ébène, ornée
de bronzes ciselés et dorés, surmontée d'une statuette de la Renommée,
socle et cul-de-lampe assortis.

Hauteur totale : 1^m55.

139. — Pendule Louis XVI en marbre blanc, ornée de bronzes ciselés et
dorés, statuette de Diane assise.

Haut. : 0^m38.

140. — Pendule Louis XVI en bronze ciselé et doré, ornée de plusieurs
amours et d'un médaillon de Henri IV.

Haut. : 0^m40.

141. — Pendule Louis XVI en marbre blanc, à fronton, consoles et galeries, ornée de bronzes ciselés et dorés, surmontée d'un vase.

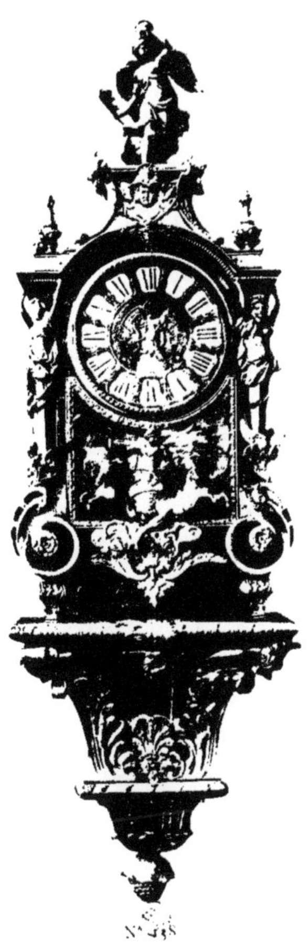

142. — Pendule Louis XVI, à colonnes, en marbre noir et bronze doré.
>Haut. : 0ᵐ30.

143. — Paire de flambeaux Régence en bronze ciselé et gravé.
>Haut. : 0ᵐ26.

144. — Paire de flambeaux Louis XV en bronze ciselé, gravé et doré.
>Haut. : 0ᵐ28.

145. — Paire de flambeaux Louis XV en bronze ciselé et doré.
>Haut. : 0ᵐ28.

146. — Paire de flambeaux Régence en bronze ciselé et doré.
>Haut. : 0ᵐ24.

147. — Paire de flambeaux cassolettes Louis XVI, têtes de bélier.
>Haut. : 0ᵐ26.

148. — Paire de flambeaux Louis XVI en bronze doré, tige cannelée.
>Haut. : 0ᵐ10.

149. — Paire de flambeaux semblables, socle à jour.
>Haut. : 0ᵐ10.

150. — Paire de flambeaux cassolettes Louis XVI en bronze ciselé et doré.
>Haut. : 0ᵐ21.

151. — Paire de flambeaux cassolettes Louis XVI en bronze ciselé et doré, à rubans.
>Haut. : 0ᵐ21.

152. — Paire de flambeaux cassolettes Louis XVI en bronze ciselé et doré, socle en marbre blanc.
>Haut. : 0ᵐ21.

153. — Paire de flambeaux Louis XV en bronze ciselé et doré.
>Haut. : 0ᵐ26.

154. — Paire de flambeaux Louis XVI en bronze ciselé, tige à cannelures.
>Haut. 0ᵐ11.

155. — Paire de candélabres Empire en bronze ciselé, patiné et doré, femme ailée supportant un bouquet à 5 lumières.

Haut. : 0ᵐ92.

156. — Paire de chenets Louis XIV en bronze ciselé et doré, socles surmontés de chevaux.

Haut. : 0ᵐ40.

157. — Paire de chenets Louis XIV en bronze ciselé et doré, socles surmontés de bustes de femmes.

Haut. : 0ᵐ40.

158. — Paire de chenets Louis XVI, genre Hollandais, en cuivre poli, à boules et têtes de femmes.

Haut. : 0ᵐ47.

159. — Paire de cassolettes en cuivre ciselé et argenté.

Haut. : 0ᵐ20.

160. — Deux plats ronds en cuivre argenté, au centre armoiries de famille gravées.

Diam. : 0ᵐ57.

161. — Christ en croix, XVIIᵉ siècle, en bronze ciselé et doré.

Haut. : 0ᵐ23.

SCULPTURES

162. — Groupe en terre cuite, aveugle et enfant, signé Graillon.
Haut. : 0ᵐ29.

163. — Râpe à tabac Louis XIV en ivoire sculpté, sujet : Diane.

164. — Râpe à tabac Louis XIV en ivoire sculpté, sujet : Le Jugement de Pâris.

165. — Râpe à tabac Louis XV en ivoire sculpté, sujet : La Justice.

166. — Panneau en ivoire sculpté : Adoration des Mages.

167. — Couteau à papier en ivoire sculpté, poignée à tête d'homme.

168. — Vierge à l'Enfant. Groupe en ivoire sculpté, XIXᵉ siècle, socle rond en ébène.
Hauteur totale : 0ᵐ25.

169. — Christ en croix en ivoire sculpté, XVIIIᵉ siècle.
Haut. : 0ᵐ24.

170. — Ecran de la Chine en ivoire sculpté et colorié, sur socle en bois de fer.
Haut. : 0ᵐ29.

171. — Noix formant tabatière, tête simulée, datée 1818, initiales.

172. — 2 Plaques en albâtre sculpté et doré, sujet de la Vie de Jésus. Allemagne, XVIᵉ siècle. Encadrées.
Haut. : 0ᵐ13 ; larg. : 0ᵐ10.

173. — 2 Bas-reliefs marbre blanc, bustes de profil d'homme et de femme, d'après l'antique, fond marbre vert, forme ovale, cadre en bois.

Haut. : 0m40.

174. — Vierge à l'Enfant, statuette en bois sculpté et doré, xviie siècle, socle octogone à bas-relief.

Haut. : 0m61.

175. Poussah assis en pierre de lard, Chine, socle en jaspe.

176. — Deux statuettes en pierre de lard peintes, Chine.

177. — Statuette d'enfant en bois sculpté.
Haut. : 0m10.

178. — Paire de statuettes en bois sculpté, représentant l'une saint Joseph, l'autre la Vierge à l'Enfant.

Haut. : 0m19.

179. — Statuette de Saturne en bois sculpté, style xviie siècle.
Haut. : 0m24.

180. — Statuette en bois sculpté, Jeanne-d'Arc debout, en armes, signée A. Delaporte.

Haut. : 0m62.

181. — Statuette en bronze patiné, Jeanne d'Arc debout, en armes.
Haut. : 0m70.

182. — Statuette en bronze argenté, Jeanne d'Arc debout, en armes, signée Gossin.

Haut. : 0m55.

183. — Statuette en marbre blanc, Jeanne d'Arc debout, signée Rod.
Haut. : 0m40.

184. — Statuette en bronze patiné, Jeanne d'Arc brandissant l'étendard, signée H. Giraud.

Haut. : 0m77.

185. — Statuette en bronze patiné, Jeanne d'Arc debout, en prières, signée C. Mercié.

> Haut. : 0^m60.

186. — Buste en cuivre patiné vert, Jeanne d'Arc en armure, signé A. Talma.

> Haut. : 0^m5o.

187. — Buste de Jeanne d'Arc, en simili pierre et métal.

> Haut. : 0^m57.

188. — Plaque, sujet buste de Bacchus, en terre cuite, forme ovale, xixe siècle, cadre Louis XIV en bois sculpté et doré, signé Dailly.

> Haut. : 0^m11.

189. — Plaque argentée, Jeanne d'Arc écoutant les voix, signée Marcel Debret, cadre bois sculpté.

> Haut. : 0^m15; larg. : 0^m29.

190. — Plaque argentée, Jeanne d'Arc en buste, signée F. Rasumny, cadre en bois.

> Haut. : 0^m19; larg. : 0^m14.

191. — Plaque en pierre sculptée, le Sacre à Reims, cadre noir et bronzé.

> Haut. : 0^m12; larg. : 0^m19.

192. — Plaque repercée, argentée et dorée, quatre sujets de la vie de Jeanne d'Arc, cadre maroquin.

> Haut. : 0^m24.

193. — Plaque argentée, Jeanne d'Arc en pied, armée, signée F. Rasumny, cadre maroquin.

> Haut. : 0^m09.

194. — Plaque argentée, Jeanne d'Arc assise, en pastourelle, signée F. Rasumny, cadre maroquin.

> Haut. : 0^m09.

195. — Plaque ronde en bronze repoussé et ciselé, style XVIe siècle, sujet : La Vendange, encadrée.

> Dim. : 0m10.

196. — Plaque en bois sculpté et teinté, martyre de saint Sébastien. Allemagne, XVIIe siècle.

> Haut. : 0m17 : larg. : 0m22.

197. — 4 Panneaux en bois de cèdre sculpté, sujets : Les Évangélistes, cadrans feuillus. Allemagne, XVIIe siècle.

> Haut. : 0m60 : larg. : 0m52.

198. — 4 Panneaux en chêne sculpté, à armoiries, XVe siècle.

> Haut. : 0m45 : larg. : 0m24.

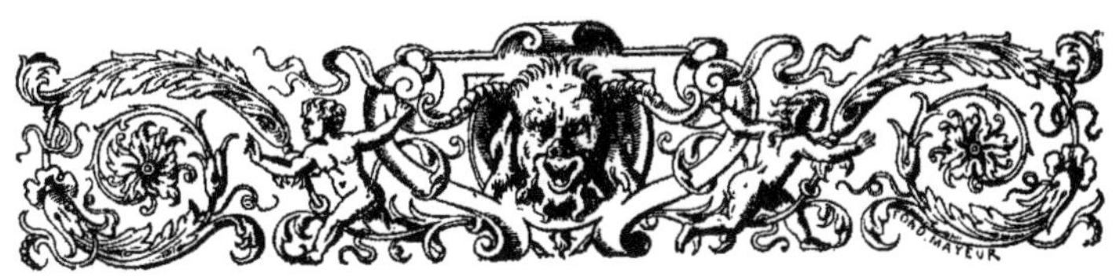

CÉRAMIQUE

Porcelaine de Chine

199. — Plat à décor bleu sur fond blanc.

Diam. : 0^m24.

200.   Plat polychrome, famille verte, décor en spirale à fleurs, le bord à attributs sur fond quadrillé rouge.

Diam. : 0^m47.

201.   Plat polychrome, décor de feuillages, au centre un dragon. Kang-Hi.

Diam. : 0^m32.

202.   Plat polychrome, décor de fleurs à fond quadrillé rouge.

Diam. : 0^m33.

203.   Plat polychrome. Sujet : « Orchestre de 11 femmes ». Kang-Hi.

Diam. : 0^m42.

204. — Plat polychrome, décor de réserves à fleurs sur fond vert, au centre vase et attributs.

Diam. : 0^m29.

205.   Plat polychrome, bords dentelés, milieu décoré de fleurs, marli à fleur de lotus ouverte.

Diam. : 0^m30.

206. — Plat polychrome. Sujet : « Lutte de Cavaliers », marli décoré d'oiseaux.

Diam. : 0ᵐ37.

207. — Plat polychrome et or, fleurs, réserve.

Diam. : 0ᵐ42.

208. — Plat polychrome, armoiries au centre entourées de fleurs et d'oiseaux, marli décoré de réserves à personnages et fleurs.

Diam. : 0ᵐ43.

209. — Plat polychrome, chrysanthèmes et deux coqs, marli décoré de réserves à fleurs blanches en relief.

Diam. : 0ᵐ35.

210. — Plat polychrome à personnages dans un intérieur, le marli est décoré en plein.

Diam. : 0ᵐ36.

211. — Plat polychrome et or, marli garni de fleurs, au centre vase à fleurs.

Diam. : 0ᵐ35.

212. — 2 Plats à bords lobés avec décor or sur fond bleu.

Diam. : 0ᵐ27.

213. — Plat polychrome et or à décor de fleurs.

Diam. : 0ᵐ28.

214. — Paire de Coupes polychromes à décor de réserves à fleurs, au centre médaillon à fleurs.

Diam. : 0ᵐ24.

215. — Coupe basse en céladon fleuri vert foncé.

Diam. : 0ᵐ19.

216. — Paire de Coupes octogones polychromes et or, personnages au centre.

Larg. : 0ᵐ22.

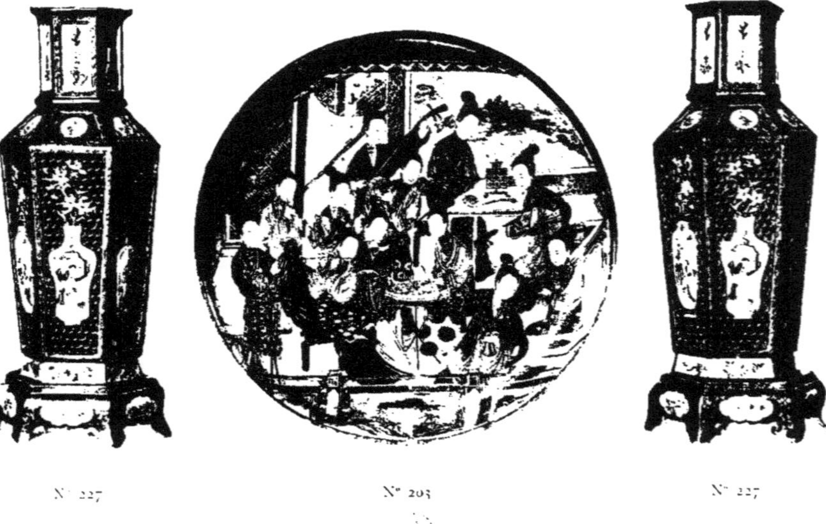

Nº 227   Nº 203   Nº 227

217. — Paire de Coupes, décor de dragons jaunes sur fond bleu.
Diam. : 0^{m}25.

218. Coupe octogone polychrome, décorée de fleurs.
Larg. : 0^{m}21

219. 6 Coupes polychromes à bords lobés, décor de fleurs et d'oiseaux.

220. — Bol polychrome, décor rouge et or, personnages sur une grue.
Diam. : 0^{m}22.

221. — Vasque ronde polychrome, décorée de deux dragons et d'ornements rouges et verts.
Diam. : 0^{m}20.

222. Vasque polychrome, décorée de réserves à dragons et personnages, fond jaune à feuillages.
Diam. : 0^{m}26.

223. Garniture polychrome, composée d'un vase cornet et d'une paire de potiches à spirales.
Haut. : 0^{m}20.

224. — Vase ovoïde polychrome.
Haut. : 0^{m}14.

225. — Paire de Vases polychromes à renflement central décoré de fleurs et d'ornements.
Haut. : 0^{m}31.

226. Paire de Vases polychromes et or, fond bleu, personnages sur les deux faces, anses à dragons.
Haut. : 0^{m}30.

227. Paire de Vases à 6 pans polychromes et or, reticulés, avec socle de même nature, décor de vases de fleurs en relief sur fond émaillé rouge haricot.
Haut : 0^{m}43.

228. Paire de Vases hexagones, paysage et dessin sur fond bleu.
Haut. : 0^{m}39.

229.   Paire de Vases polychromes, personnages sur les deux faces, fond perlé émail.

  Haut. : 0^m25.

230. — Paire de Cache-pots polychromes à soucoupes, décor de personnages dans un paysage.

  Haut. : 0^m11.

231. — Paire de Potiches hexagones, à pans coupés, personnages et fleurs.

  Haut. : 0^m29.

232. — Paire de Potiches polychromes, forme balustre, avec couvercle, décor de fleurs et rinceaux, au milieu un dragon.

  Haut. : 0^m27.

233. — Potiche ovoïde à couvercle, décor polychrome.

  Haut. : 0^m14.

234. — Paire de Potiches coréennes, décorées de fleurs, couvercles à côtes.

  Haut. : 0^m31.

235. — Potiche polychrome, décor de fleurs à rinceaux verts, anses en métal.

  Haut. : 0^m22.

236. — Bouteille polychrome, à quatre pans, décor de fleurs et d'oiseau.

  Haut. : 0^m27.

237. — Paire de Bouteilles craquelées, lézard bleu en relief.

  Haut. : 0^m21.

238. — Deux Assiettes polychromes, décorées de fleurs et d'attributs.

  Diam. : 0^m22.

239. — Assiette polychrome à fleurs, marli à fond rouge.

  Diam. : 0^m26.

240. — 4 Assiettes polychromes, bords lobés, marli réticulé, personnages et paysage.

  Diam. : 0^m24.

241. — 2 Assiettes polychromes à personnages, dans un paysage, le marli à réserves en camaïeu rouge.

Diam. : 0^m23.

242. — Assiette polychrome, coquille d'œuf, deux coqs et fleurs au centre, marli à réserves de fleurs.

243. — 2 Assiettes, décor or sur fond rouge.

Diam. : 0^m24.

244. — Théière polychrome à personnages.

245 — Tasse et soucoupes polychromes, personnages et fleurs.

246. — Petite Tasse lobée avec soucoupe polychrome, côtelées et décorées de fleurs.

247. — 2 Statuettes de femmes en grès cérame, décor de fleurs peintes à froid, têtes et mains porcelaine.

Haut. : 0^m78.

248. — Statuette polychrome, personnage assis.

Haut. : 0^m16.

249. — Personnage polychrome debout.

Haut. : 0^m22.

250. — Paire de Chiens symboliques, en grès vernissé, fond jaune.

Haut. : 0^m25.

251. — Boite à mouches polychrome, carrée et réticulée, sur plateau.

Haut. : 0^m15.

Porcelaine du Japon

252. — Potiche polychrome, décor bleu, rouge et or, avec couvercle, réserve de fleurs et d'oiseaux.

Haut. : 0^m90.

253. — Paire de Potiches octogones, polychromes et or, réserve de branches fleuries et d'ornements divers.

Haut. : 0^m62.

254. — Potiche polychrome avec couvercle, décor de personnages.

Haut. : 0^m52.

255. — Paire de Potiches polychromes, décor de personnages, avec couvercles.

Haut. : 0^m38.

256. — Potiche forme balustre, polychrome, à réserve de fleurs blanches sur fond rouge.

Haut. : 0^m29.

257. — Deux Potiches polychromes, décors divers.

Haut. : 0^m26 et 0^m15.

258. — Paire de Vases ornés de fleurs rouges, monture bronze doré.

Haut. : 0^m33.

259. — Paire de Vases balustres, décorés de fleurs rouges, monture en bronze doré.

Haut. : 0^m25.

260. — Lot de cinq Assiettes, décor bleu, rouge et or.

Diam. : 0^m22.

261. — Plat à décor de fleurs bleu et rouge.

Diam. : 0^m35.

262. — Trois Plats divers polychromes, décor de fleurs.

263. — Deux Plats polychromes rouge et or, réserve de fleurs, au centre vase de fleurs.

Diam. : 0^m44.

Porcelaine dite des Indes

264. — Soupière à couvercle et plateau, décor de dessins bleu et or, sur fond saumon, armoiries.

> Haut. : 0ᵐ27.

265. — Plat rond, décor noir et or. Au centre, sujet : Hymen.

> Diam. : 0ᵐ28.

266. — 4 Coupes fond bleu, à fleurs, marti rose.

> Diam. : 0ᵐ21.

267. — Assiette, fleurs au centre, armoiries sur le marli.

> Diam. : 0ᵐ23.

268. — Plat avec armoiries au centre, marli à réserves de fleurs et papillons.

> Diam. : 0ᵐ38.

269. — 2 Assiettes à guirlandes de fleurs.

270. — Assiette, décor noir et or, représentant deux femmes, l'une traînée par 2 lions, l'autre présentant une couronne de fleurs.

> Haut. : 0ᵐ22.

271. — Assiette, décor de fleurs rouges et or, monture en bronze doré.

> Diam. : 0ᵐ25.

Faïences de Delft

272. — 2 Panneaux polychromes avec personnages, genre chinois, quatre carreaux chacun.

> Haut. : 0ᵐ35.

273. — Paire de Potiches hexagones, polychromes, décor chinois à personnages, fleurs et animaux.

> Haut. : 0ᵐ26.

274. — Vase à quatre pans, décor polychrome et or.

> Haut. : 0ᵐ24.

275. — Coupe à côtes, décor bleu, rouge et or, vase de fleurs.
Diam. : 0ᵐ25.

276. — Plat, décor polychrome.
Haut. : 0ᵐ34.

277. — Potiche, décor polychrome, fleurs et oiseau.
Haut. : 0ᵐ18.

278. — Plat, décor polychrome.
Diam. : 0ᵐ35.

279. — Garniture d'une Potiche et de 2 Bouteilles, décor bleu, fond blanc.
Haut. · 0ᵐ37 et 0ᵐ24.

280. — 2 Plats, décor camaïeu bleu, fond blanc.
Diam. : 0ᵐ32.

281. — 2 Plats, décor bleu, fond blanc.
Diam. : 0ᵐ34.

282. — Garniture d'une Potiche avec couvercle et de deux Bouteilles à décor bleu, fond blanc.
Haut. : 0ᵐ47 et 0ᵐ44.

283. — Paire de Potiches à côtes, à décor bleu, fond blanc.
Haut. : 0ᵐ22.

284. — Paire de Potiches rondes avec couvercle, décor bleu, fond blanc.
Haut. : 0ᵐ32.

Faïences italiennes

285. Paire de Vases de pharmacie, décor polychrome. Urbino.
Haut : 0ᵐ30.

286. — Paire de Vases de pharmacie à médaillon, décor polychrome. Urbino.
Haut. : 0ᵐ30.

287. — Vase polychrome, médaillon avec un saint. Chaffagiolo.

    Haut. : 0^m40.

288. — Paire de Potiches, décor polychrome. Castel-Durante.

    Haut. : 0^m32.

289. — Plat avec armoiries au centre, ornements sur le marli. Castel-Durante.

    Diam. : 0^m27.

Faïences de Rouen

290. — Plaque rectangulaire polychrome, fleurs et oiseaux. Levavasseur.

    Larg. : 0^m19.

291. — Vase octogone, décor camaïeu bleu, fond blanc.

    Haut. : 0^m26.

292. — Paire de Vases dits cornets, décor bleu, fond blanc.

    Haut. : 0^m32.

293. — Paire de Vases, décor bleu, fond blanc.

    Haut. : 0^m29.

Divers

294. — Groupe en porcelaine de Saxe polychrome, composé de musiciens et danseurs.

    Haut. : 0^m46.

295. — 2 Statuettes en biscuit de Sèvres, en pendants : « Le Savetier et la Ravaudeuse ».

    Haut. : 0^m24.

296. — 2 Groupes en biscuit de Niederwiller : « Femme jouant avec un Amour ».

> Haut. : 0^m20.

297. — 2 Statuettes en biscuit de Niederwiller : « Faune et Cymbalier ».

> Haut. : 0^m17.

298. — Statuette en biscuit de Paris : « Pâtre et son Chien ».

> Haut. : 0^m66.

299. — Boîte à épices faïence de Sinceny, décor polychrome, genre chinois.

> Long. : 0^m12.

300. — Assiette à bords lobés, faïence de Saint-Omer, décor de fleurs sur fond bleu.

> Diam. : 0^m25.

301. — Cache-pot et Plateau polychrome en faïence de Marieberg, avec armoiries de Breteuil, les anses à légumes.

> Haut. : 0^m35.

302. — Coupe en faïence de Marieberg polychrome à bords ajourés, armoiries de Breteuil au centre.

> Diam. : 0^m25.

303. — Service à thé en porcelaine de Wedgwood, composé de 8 tasses, 10 soucoupes, une théière, un pot à crème et plateau ; rinceaux et médaillons blancs en relief sur fond noir.

304. — Pigeon formant coupe à couvercle en faïence de Strasbourg polychrome.

> Haut. : 0^m26.

305. — Deux Médaillons terre cuite, signés Nini : « Portraits de Lefray de Chaumont et de Joseph Camot ».

> Diam. : 0^m16.

306. — Vase de pharmacie en faïence hispano-mauresque.

307. — Grande Garniture de 3 vases en faïence hispano-mauresque, fond bis, dessin havane à reflets métalliques, montures.

308. — Plat ovale, bords lobés, faïence fond bleu, décor amarante.
Long. : 0^{m}31.

309. — Brûle-Parfums, forme soupière, en terre de pipe, décor bleu.
Haut. : 0^{m}21.

310. — Paire de Vases en verre filé, décor polychrome de fleurs.
Haut. : 0^{m}14.

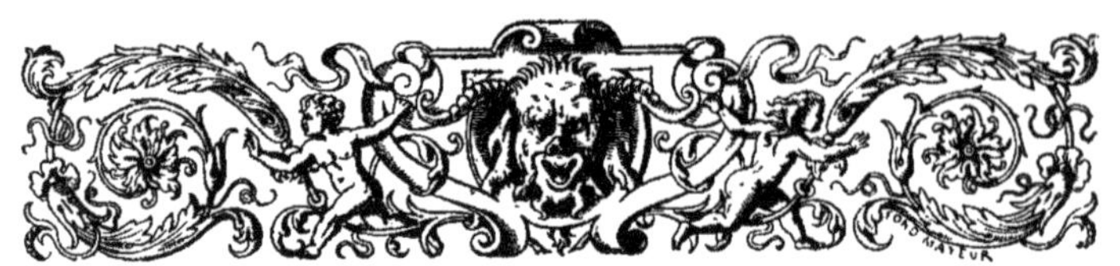

MINIATURES
ET OBJETS DE COLLECTION

311-312. — 2 Miniatures du XVIIIe siècle, forme ronde, sur vélin : « Portraits de R. d'Esneval d'Acquigny et de Françoise Clerel de Rampan, son épouse ».

> Diam. : 0^m06.

313-314. — 2 Miniatures du XVIIIe siècle, forme ovale, pastels sur vélin : « Homme et Dame de qualité en buste ». Cadres modernes en bois sculpté et doré.

> Haut. : 0^m22; larg. : 0^m17.

315. — Miniature ovale sur vélin, XVIIIe siècle : « Buste de Femme ». Cadre octogone en ébène.

316. — Miniature ronde à l'aquarelle : « Officier général », XVIIIe siècle. Cadre bois noir.

317. — Miniature ovale sur ivoire : « L'Acteur Lekain », XVIIIe siècle. Cadre ébène.

318. — Miniature ronde sur ivoire : « Jeune Fille », d'après **Greuze**, sertie en or.

319. — Miniature ronde : « Homme de qualité en habit marron », XVIIIe siècle. Cadre ébène.

320. — Miniature ovale : « Homme de qualité en habit bleu », XVIIIe siècle.

321. — Miniature ronde : « Jeune Femme en nymphe avec fourrure », XVIIIe siècle. Cadre ébène.

322. — Miniature ronde : « Jeune Femme en corsage bleu », XVIIIᵉ siècle. Cadre en cuivre.

323. — Miniature ronde : « Jeune Femme à rubans bleus », XVIIIᵉ siècle. Cadre en cuivre.

324. — Miniature ronde : « Jeune Chanoinesse », XVIIIᵉ siècle. Cadre en cuivre.

325. — Miniature ovale : « Homme de qualité en habit noir à boutons dorés », XVIIIᵉ siècle. Cadre bois noir.

326. — Miniature ronde : « Marine », Ecole de Joseph Vernet, XVIIIᵉ siècle. Cadre en cuivre.

327. — Miniature ovale : « Jeune Femme et Amour », d'après Fragonard, XVIIIᵉ siècle. Cadre en ébène.

328. — Miniature ovale : « Jeune Femme en robe bleue », signée Dorcelin, 1794. Cadre ébène.

329. — Miniature ovale : « Homme de qualité, habit rouge », XVIIIᵉ siècle. Cadre ébène.

330. — Miniature ovale sur émail : « Charlotte Corday », XIXᵉ siècle. Cadre en citronnier.

331. — Miniature du XIXᵉ siècle, forme ovale, sur ivoire : « Portrait d'homme en buste, habit noir ». Cadre bois et bronze doré.

Haut. : 0ᵐ09; larg. 0ᵐ08.

332. — Miniature ronde : « Jeune Fille en blanc », XIXᵉ siècle. Cadre en ébène.

333. — Miniature ronde : « Jeune Femme à diadème de perles », XIXᵉ siècle. Cadre en ébène.

334. — Miniature par Camel Pasqual, forme ovale, sur ivoire : « Portrait de Dame en buste, robe violette », Ecole française, XIXᵉ siècle. Cadre bois et bronze doré.

Haut. : 0ᵐ09: larg. : 0ᵐ08.

335-336. — 2 Miniatures, forme ovale : « M. et Mme de Bellegarde, en buste », peintes sur ivoire, signées Delacluze, Ecole française, XIXe siècle. Cadre en bronze ciselé et doré.

> Haut. : 0^m16 : larg. : 0^m12.

337. Aquarelle de l'Ecole de 1830 : « Les Enfants d'Edouard ». Cadre en cuivre guilloché.

> Haut. : 0^m12 : larg. : 0^m15.

338. Aquarelle de l'Ecole de 1830, forme ovale : « Personnage de qualité du XVIe siècle ».

> Larg. : 0^m07.

339. — Aquarelle de l'Ecole de 1830 : « Scène de cabaret au XVIIe siècle ».
> Larg. : 0^m07.
> Pendant de la précédente.

340. — Portefeuille en taffetas crème, broché de fleurs, avec aquarelles en médaillons, XVIIIe siècle.

341. — Croix en cristal de roche, monture XVIe siècle, Italie.

342. Etui Louis XIV, à miniature, en maroquin rouge doré au petit fer, forme ovale.

> Haut. : 0^m08.

343. — Etui en argent gravé et nacre de perles.

344. — Etui en ivoire, dorures au fixé : « Vive Louis XVIII ! ».

345. — 6 Boutons en cuivre à sujets de Sèvres, fond bleu.

346. — Paire de Mouchettes avec support, fer forgé, XVIIe siècle.

347. — Boite ronde en cuivre renfermant une boussole, Angleterre, XVIIIe siècle.

348. — Bonbonnière ronde Louis XVI en écaille, sertie de cire amarante, dessin à paillons et peinture sur émail.

> Diam. : 0^m08.

349. — Bonbonnière ronde Louis XVI en ivoire, couvercle en cire colorée. Sujet : « La Confession ».

> Diam. : 0ᵐ07.

350. — Bonbonnière ronde Louis XVI en écaille, montée en ivoire, couvercle en mosaïque. Signé et daté : Raphaëlli, Roma, 1793.

351. — Bonbonnière ronde en cristal filigrané et paillons, à fleurs de lys.

352. — Bonbonnière ronde Louis XVI en écaille posée d'or, miniature peinte : « Marine », d'après Joseph Vernet.

> Diam. : 0ᵐ06.

353. — Bonbonnière ronde en écaille sertie d'or, couvercle à miniature gouache. Sujet : « L'Amour ».

> Diam. : 0ᵐ05.

354. — Bonbonnière ronde Louis XVI en écaille sertie en or guilloché, couvercle à miniature peinte. Sujet : « Marine ».

> Diam. : 0ᵐ08.

355. — Médaillon ovale en émail peint : « Le Christ battu de verges ». Cadre ébène.

356. — Plaque ronde en émail polychrome de Limoges : « La Vierge en Prières ».

> Diam. : 0ᵐ10.

357. — Plaque en émail polychrome de Limoges : « Vierge à l'Enfant ». XVIIIᵉ siècle. Encadrée.

> Haut. : 0ᵐ17.

358. — Plaque en émail de Limoges polychrome, XVIIᵉ siècle : « Sainte Catherine ». Encadrée.

> Haut. : 0ᵐ09.

359. — Plaque en émail polychrome de Limoges, XVIIᵉ siècle, 5 personnages. Cadre en bois sculpté et doré.

> Haut. : 0ᵐ10.

360. — Plaque en émail polychrome de Limoges, xviie siècle : « Sainte Magdeleine ». Cadre bois sculpté et doré.

>Haut. : 0m10.

361. — Plaque en émail polychrome de Limoges. xviie siècle : « Ignace de Loyola ». Encadrée.

>Haut. : 0m10.

362. — 2 Plaques en pâte blanche sculptée sur fond d'ardoise. Sujets : « Énée et Didon » et « La Mort de Socrate ». Encadrées.

363. — Plaque ovale en Wedgwood : « La Médecine ». Cadre en cuivre guilloché.

>Haut. : 0m09.

364. — Plaque ovale. Sujet : « Amours », en ivoire sculpté, appliquée sur verre bleu. Cadre en cuivre.

>Haut. : 0m09.

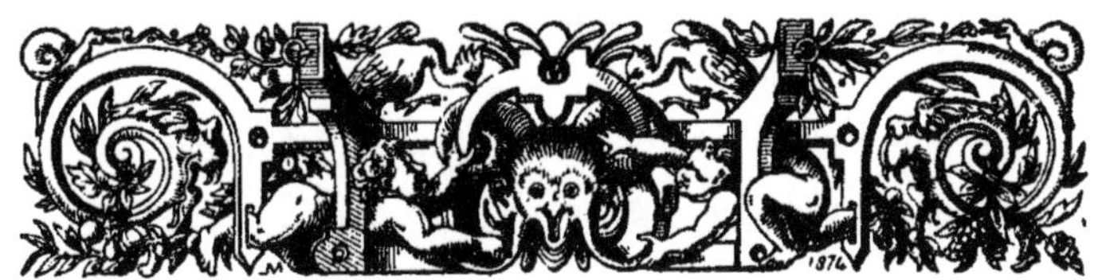

MONTRES, BIJOUX

365. — Montre Louis XVI en or, cuvette ciselée, cercles en strass. Patron, à Genève.

366. — Montre Louis XVI en or, cuvette ciselée et émaillée : « Jeune Femme ». Chevalier, à Paris.

367. — Montre Louis XVI en or, cuvette émaillée, cercles de perles.

368. — Montre Louis XVI en or, cuvette ciselée. Du Sommerard, à Rouen.

369. — Montre Louis XVI en or, cuvette ciselée, à pierreries. Juhel, à Paris.

370. — Montre Louis XVI en or, cuvette émaillée sur les deux faces. Gudin, à Paris.

371. — Montre Louis XVI en or, cuvette ciselée. Lépine, à Paris.

372. — Montre Louis XVI en or, double cuvette émaillée bleu, rangs de perles.

373. — Montre Louis XVI en or guilloché, cercles de perles.

374. — Montre Louis XVI en or, cuvette émaillée bleu, cercle de perles. London.

375. — Montre Louis XVI en or, cuvette ciselée, à pierreries. Favre et Cⁱᵉ.

376. — Montre Louis XVI en or, cuvette à pierreries.

377. — Montre Louis XVI en or, cuvette émaillée bleu, cercle de perles.

378. — Montre Louis XVI en or, cuvette émaillée : « L'Amour ».

379. — Montre Louis XVI en or, cuvette ciselée. Henri Valentin.

380. — Montre Louis XVI en or, guirlande argent, cuvette émaillée : « Jeune Femme ».

381. — Montre Louis XVI en or, cuvette émaillée : « Buste de Femme », ornée de roses.

382. — Montre Louis XVI, cuvette ors de couleurs, cercles de strass. Le Roy, à Paris.

383. — Montre Louis XVI en or, cuvette émaillée : « Buste de jeune Femme. » Lépine, à Paris.

384. — Montre Louis XVI en or ciselé, cercle en pierres, cuvette émaillée : « Buste de jeune Fille ». Le Roy, à Paris.

385. — Montre Louis XVI en or gravé, semée de pierres, cuvette émaillée : « Jeune Fille ». Mallet, à Paris.

386. — Montre Louis XVI en or ciselé, semée de pierres, cuvette émaillée : « Le Café ». Le Roy, à Paris.

387. — Montre Louis XVI en or, cuvette émaillée, fond vert.

388. — Montre Louis XVI en or, cuvette émaillée : « Buste de Femme ».

389. — Montre Louis XVI en or émaillé, ornée de roses, cuvette émaillée : « Le Triomphe de l'Amour ». Vauchez, à Paris.

390. — Montre Louis XVI en or, double boitier cristal. Lépine, à Paris.

391. — Montre Louis XVI en or ciselé, orné de strass, mouvement apparent.

392. — Montre Louis XVI en or, cadran émaillé, sujet d'après Boucher. Dageron, à Paris.

393. — Montre Louis XVI en or ciselé, cuvette émaillée : « Buste de jeune Femme », cercle en strass. Mallet, à Paris.

394. Montre Louis XVI à répétition en or ciselé, cadran émaillé, deux automates.

395. — Montre Louis XVI à répétition en or guilloché, deux automates : « Amours ».

396. — Montre Louis XVI en or ciselé, cuvette émaillée, fond bleu ciel. Hessen, à Paris.

397. — Montre Louis XVI en or ciselé, cuvette émaillée : « Autel de l'Amour ». Romilly, à Paris.

398. — Montre Louis XVI en or ciselé, cuvette émaillée : « Buste de jeune Femme ». Dans le boîtier, Jacques Benoit, à Naples.

399. — Montre Louis XVI en or ciselé, cadran émaillé : « Buste de jeune Femme », semis de roses, double boitier. Vieusseux, Genève.

400. — Montre Louis XVI en or, cuvette émaillée : « Grisaille ». Cercles en perles. Gaeix, à Paris.

401. Montre Louis XVI en or, cuvette émaillée : « Bellone ». Horaong, à Genève.

402. Montre Louis XVI en or ciselé, cuvette émaillée : « Buste de jeune Femme ». Chanterot, à Paris.

403. — Montre Louis XVI en or ciselé, cadran émaillé, trois personnages. Cercle en strass. Robin, à Paris.

404. — Montre Louis XVI en or, cuvette émaillée : « Jeunes Chanteurs ». Courtois, à Saint-Malo.

405. — Montre Louis XVI en or, cuvette à portrait d'homme ; cercles en strass. Vaillant, à Arras.

406. — Montre Empire en or à répétition, petit cadran, deux automates.

407. — Montre Louis XV en or ciselé : « Adoration des Mages » ; double boitier. W. Crayton, à Londres.

408. — Montre Louis XV en or repoussé, double boitier. Johnson, à Londres.

409. — Montre Louis XV en or ciselé, cadran émaillé, d'après Boucher. Lange, à Valenciennes.

410. — Montre Louis XV en or, cuvette émaillée des deux côtés. Pierre Laîné, à Rouen.

411. — Montre Louis XV en or ciselé, cuvette émaillée à sujet galant. Marteau père, à Rouen.

412. — Montre Louis XV en or repoussé, double boîtier. Johnson, à Londres.

413. — Montre Louis XV en or repoussé, double boîtier. Rotterdam.

414. — Montre Empire en or à répétition, petit cadran à jour, deux automates.

415. — Montre Empire en or à répétition, deux automates.

416. — Montre Empire à répétition en or, cadran émaillé bleu, deux automates.

417. — Montre Empire en or à répétition, trois automates. Dubois et Cie.

418. — Montre Empire à répétition en or, deux automates. Esquivillon.

419. — Montre Empire à répétition en or, deux automates.

420. — Montre Empire en or, cuvette émaillée, cercles de perles.

421. — Montre Empire en or, cuvette émaillée : « L'Amour ». Semis de perles.

422. — Montre Empire en or à répétition, cuvette émaillée : « Marine ». Initiales.

423. — Montre en or XIXe siècle, cuvette émaillée à fleurs. Oudin, à Paris.

424. — Montre XIXe siècle en or, deux sujets émaillés.

425. — Montre Empire en vermeil, cadran émaillé : « Bergère ».

426. — Montre Empire en vermeil, de Breguet et Fils, peinture sur émail.

427. — Montre Louis XVI en cuivre, cuvette émaillée. Sujet : « Jeune Femme et enfant ».

428. — Montre bassinoire Louis XIV à répétition en argent ciselé et repercé. De Salles, à Caen.

429. — Montre Louis XVI en cuivre, cuvette émaillée : « Jeune Fille à la corbeille ». Encerclée de strass. Hessen, à Paris.

430. — Montre bassinoire Louis XIV en cuivre. Gilles Martin, à Paris.

431. — Montre Louis XVI en cuivre, cuvette émaillée : « Pastorale ».

432. — Montre fin Louis XVI en cuivre, cuvette émaillée : « Jeune Femme ». Cercles en strass.

433. — Montre bassinoire Louis XIV en cuivre ciselé et gravé. Baltazard, à Paris.

434. — Montre bassinoire Louis XIV en argent ciselé, gravé et repercé, double boitier.

435. — Montre Louis XVI en cuivre, cuvette émaillée : « Marine ». Patrie et Chaudoire, à Genève.

436. — Montre bassinoire Louis XIV en cuivre gravé. Paul Hubert, à Rouen.

437. — Montre Louis XVI en cuivre, cuvette émaillée : « Pastorale ». Lépine, à Paris.

438. — Montre Empire en cuivre, cuvette émaillée : « Autel de l'Amour ». Cercles en strass.

439. — Montre Louis XV en argent repoussé, double boitier, cuvette émaillée : « Pastorale ». Hœfman, à Haarlem.

440. — Montre Louis XVI en cuivre, cuvette émaillée : « La Peinture ». Cercles en perles, double boitier en verre. Roux et Bordier.

441. — Montre Louis XVI en cuivre ciselé, cuvette émaillée : « La Musique ». Cercles en strass.

442. — Montre Louis XVI en cuivre, cuvette émaillée : « Bergère ». Cercle en strass. Gambet, à Rouen.

443. — Montre Louis XVI en argent ciselé et appliqué d'or.

444. — Montre Louis XVI en cuivre ciselé, cuvette émaillée : « Pastorale ». Cercle en strass.

445. — Montre Louis XVI en cuivre, cuvette émaillée : « Jeune Femme ». Cercle en strass. Richard, à Paris.

446. — Montre Louis XVI en cuivre, cuvette émaillée : « Bergerade ». Ferrot, à Genève.

447. — Montre Louis XVI en cuivre, cuvette émaillée : « Jeunes Filles ». Cercle en strass.

448. — Montre Louis XVI en cuivre, cuvette émaillée : « Couple d'Amoureux ». Cercles en strass. Viala, à Genève.

449. — Montre pendentif Louis XIV en cuivre repercé.

450. — Montre style Renaissance en émail, gravure, dans un boitier de cristal surmonté de deux amours en argent.

451. — Montre Empire à répétition en argent, cuvette émaillée : « Navire automate ».

452. — Montre Louis XVI en cuivre, cuvette émaillée : « Pastorale ». Ferrot, à Genève.

453. — Montre Louis XVI en cuivre, cuvette émaillée : « Enfants Jardiniers ». Cercle en strass.

454. — Horloge portative Louis XIV, dans un boitier en cuivre, cadran argent.

455. — Montre Louis XVI en cuivre, cuvette émaillée : « Couple d'Amoureux ». Cercle en strass. Azemar, à Genève.

456. — Montre Louis XVI en cuivre, cadran émaillé : « Couple d'Amoureux ». Rossel, à Rouen.

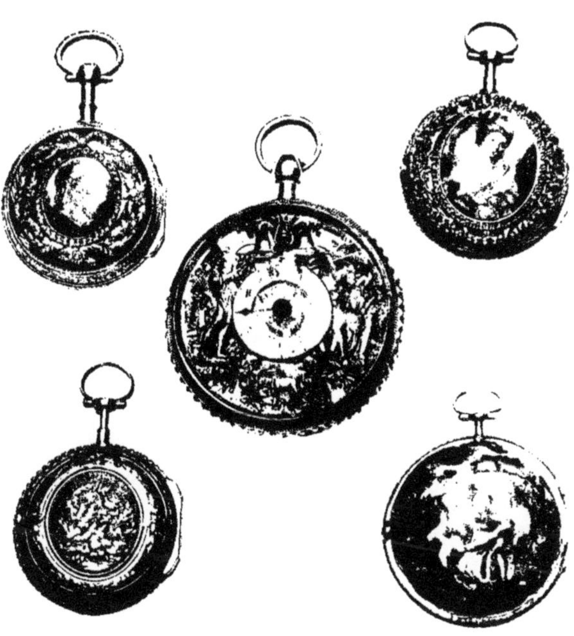

457.	Montre bassinoire Louis XIV en argent repercé. Decour, à Niort.

458. — Montre Louis XVI en cuivre, cadran émaillé : « Deux Jeunes Filles ». Léonard Bordier.

459. — Montre, style du XVIᵉ siècle, en argent et émail, boitier en cristal surmonté d'un satyre.

460. — Montre Louis XVI en cuivre, cuvette émaillée : « Le Dessin ». Duchêne et Fils.

461. — Montre Louis XVI en cuivre, cuvette émaillée : « Couple d'Amoureux ». Bréguet, à Paris.

462. — Montre Louis XVI en cuivre, cuvette émaillée : « La Fontaine ». Petit, à Paris.

463. — Montre Louis XVI en vermeil, cuvette émaillée : « L'Hymen ».

464. — Montre Louis XVI en cuivre, cuvette émaillée, fond bleu ciel.

465. — Montre Louis XVI en cuivre, cuvette émaillée à pierreries. Ferrot, à Genève.

466. — Montre Louis XVI en cuivre, cuvette émaillée, sujet oriental. Dufour et Cⁱᵉ, à Genève.

467. — Montre Louis XVI en cuivre, cadran émaillé : « La Géographie ».

468. — Petite Horloge portative Louis XIV en cuivre gravé et repercé, cadran en argent. Simon Bartram.

469. — Montre Empire en argent, cadran émaillé : « Serpent automate ». Morel, à Gisors.

470. — Montre Louis XVI en cuivre, cuvette émaillée : « Pastorale ». Mesure, London.

471. — Montre Louis XVI en cuivre, cuvette à médaillon ovale : « Buste de Femme ». Duchêne, à Genève.

472. — Montre bassinoire Louis XV en argent repoussé, double boitier. G. Lillay.

473 — Montre Louis XV en marqueterie d'écaille et d'argent. Robert Nelson, Amsterdam.

474. — Montre Empire en cuivre gravé, cadran émaillé : « Renaud et Armide ».

475. Montre Empire à répétition en argent, deux automates.

476. — Montre Louis XVI en cuivre, cuvette émaillée : « Serment d'Amour ». Triple cercle en strass.

477. — Montre style Renaissance en cuivre repercé.

478. Montre Empire à répétition en argent, mouvement apparent, deux automates.

479. Montre Empire en argent, cadran émaillé : « Leda ». Wyss et Menu, à Genève.

480. — Montre Louis XVI en cuivre, cuvette émaillée : « Serment d'Amour ». Frères Rey, à Genève.

481. — Montre Empire en argent, cadran à émaux : « Jeunes Couples ».

482. Montre Louis XVI en cuivre, cuvette émaillée : « Paysage ».

483. Montre Louis XVI en cuivre, cuvette émaillée : « Buste de jeune Fille ». Lepine, à Paris.

484. Montre Louis XVI en cuivre, cuvette émaillée : « Buste de Femme ». Des Roches.

485. — Montre Louis XVI en cuivre, cuvette émaillée : « La Géographie ». Veigneur, à Genève.

486. — Montre Louis XVI en cuivre, cuvette ciselée.

487. — Montre Louis XVI en cuivre, cuvette émaillée : « Couple de Bergers ». Esquivillon et Dechoudens.

488. — Montre Louis XVI en cuivre, cuvette émaillée : « Pastorale ». Grepson, à Paris.

489. — Montre Louis XVI en cuivre, cuvette émaillée : « Nymphes ». Boileau, à Paris.

490. — Montre Louis XVI en cuivre, cuvette émaillée et ciselée. Lambert, à Naples.

491. — Montre Empire en vermeil, cadran émaillé : « Bergerade ».

492. — Montre Louis XVI en cuivre, cuvette émaillée : « Jeune Femme ». Bréguet, à Paris.

193. — Montre Louis XVI en cuivre, cuvette émaillée : « Jeune Femme et Chien ».

494. — Montre Louis XVI en cuivre, cuvette émaillée : « Les Pêcheurs ». Jacquot, à Rouen.

495. — Montre Louis XVI en cuivre, cuvette émaillée : « Enfant jardinier ».

496. — Montre en cuivre à double boitier, cuvette en émail : « Pastorale ». Perkinson et Frodsham, London.

497. — Montre en argent à double boîtier, cuvette repercée ornée de pierres. Neveren, à Londres.

498. — Montre bassinoire vermeil, XVIIᵉ siècle, 4 cadrans. Ubain Drucker, Strasbourg.

499. — Montre Louis XVI en cuivre, cuvette émaillée : « Marine ». Le Roy, à Paris.

500. — Montre Louis XVI en cuivre, cuvette émaillée : « Pastorale ». Jean, à Paris.

501. — Montre Empire en cuivre, cuvette émaillée. Becet, à Paris

502. — Montre Louis XVI en cuivre, cuvette émaillée : « La Musique ». Cercles en strass. Ferrot, à Genève.

503 — Montre Louis XVI en cuivre, cuvette émaillée : « Pastorale ». Boileau, à Paris.

504. — Montre Louis XVI en cuivre, cuvette émaillée : « Nymphe et Enfant ». Papillon, à Genève.

505. — Montre Louis XVI en cuivre, cuvette émaillée : « Sujet galant ». Cercles en strass. Bordier, à Genève.

506. — Montre Louis XVI en cuivre, cuvette émaillée : « Jardinières ». Cercles en strass.

507. — Montre Louis XVI en cuivre, cuvette émaillée : « Les Colombes ». Cercles en strass. Des Roches, à Genève.

508. — Montre Louis XVI en cuivre, cuvette émaillée : « L'Oiseau captif ». Cercle en strass. Colladon, à Genève.

509. — Montre Louis XVI en cuivre, cadran émaillé : « Corbeille de fleurs ». Cercle en strass. Veigneur et Céret.

510. — Montre Louis XVI en cuivre, cuvette émaillée : « La Fontaine ».

511. — Montre Louis XVI en cuivre, cuvette émaillée : « Cœur enflammé ». Cercles en strass. Hessen, à Paris.

512. — Montre Louis XVI en cuivre, double boîtier, cuvette émaillée : « Buste de Femme ». Patry et Chaudoire, à Genève.

513. — Montre Louis XVI en cuivre, cuvette émaillée : « Marine ». Moricand, à Genève.

514. — Montre Louis XVI en cuivre, cuvette émaillée : « Vase de fleurs ». Phillips, London.

515. — Montre Louis XVI en cuivre gravé, cuvette émaillée : « Buste de Femme ».

516. — Montre Louis XVI en cuivre, cuvette émaillée.

517. — Montre Louis XVI en cuivre, cuvette émaillée : « Jardiniers ». Esquivillon et Dechoudens.

518. — Montre XIXᵉ siècle en cuivre et argent, cuvette émaillée à fleurs. Le Roy, à Paris.

519. — Montre Louis XVI en cuivre, cuvette émaillée : « Jeune Femme ».
Samuel, à Genève.

520. — Montre Louis XVI en cuivre, cuvette émaillée à perles Patron,
à Genève.

521. — Montre Louis XVI en cuivre, cuvette émaillée : « La Leçon ».
Amaury, au Havre.

522. Montre Louis XVI en cuivre, cuvette émaillée : « Bergerade ».
Romilly, à Paris.

523. — Montre Louis XVI en cuivre, cuvette en émail : « Hébé ».

524. — Montre Louis XVI en cuivre, cuvette émaillée : « Pastorale ».
Hessen, à Paris.

525. — Montre Louis XVI en cuivre, cuvette émaillée : « Nymphe et
Chien ». Thomé, à Versailles.

526. — Montre Empire en argent. Bréguet et Fils.

527. — Montre Empire en argent, cadran à émaux.

528. — Montre bassinoire Louis XIV en argent. Normand, à Paris.

529. Montre bassinoire en argent repercé. Decovigny, à Paris.

530. Montre bassinoire Louis XIV en argent repercé. Châtelain, à
Paris.

531. — Montre Louis XV en argent repoussé : « Mars et Vénus »,
double boitier. Farts, à Londres.

532. — Montre Louis XIV en écaille posée d'argent, cadran argent.
Massy, à Londres.

533. — Montre Louis XV en argent repoussé, double boitier. Aglerveld,
à Amsterdam.

534. — Montre Louis XVI en cuivre et argent, cuvette émaillée à animaux.

535. — Montre Louis XV en cuivre repoussé. Le Roy, à Paris.

536. — Montre Louis XVI, en cuivre ciselé à armes. Jeanrenaud.

537. — Montre Louis XVI en cuivre, cuvette émaillée : « Vestale ». Cercle en strass. Decambez.

538. — Montre Louis XVI en cuivre. Almeida, à Cadix.

539. — Montre Louis XV en argent repoussé, double boitier, cadran émaillé : « Paysage ».

540. — Montre Louis XV en argent repoussé, double boitier. Samson, à Londres.

541. — 3 Montres en argent commémoratives des Révolutions de 1793 et de 1830.

542. — 8 Montres diverses en cuivre, cadran peint.

543. — 20 Montres en argent, peintures sur émail et diverses.

544. — Un lot de Cadrans, boitiers et mouvements de montres divers.

545. — Un lot de quinze Châtelaines en cuivre ou en acier de divers styles.

546. — Un lot de Clefs, breloques en verres de couleurs, en perles, en jaspe et en cornaline, montures de divers styles en argent ou en cuivre.

547. — Une Croix normande en or.

548. — Une Croix normande en argent.

549. — Deux Bagues or et pierres.

550. — Paire de Boucles d'oreilles argent et pierres.

551. — Paire de Boucles d'oreilles or et camées.

552. — Paire de Boucles d'oreilles en acier.

553. — 5 Médailles commémoratives diverses.

554.   3 Boîtes diverses, styles anciens, en cuivre doré.

555.   Un Couvert argent et nacre.

556.   Un Couteau manche en nacre, lames acier et argent.

557.   38 Coqs de montres divers.

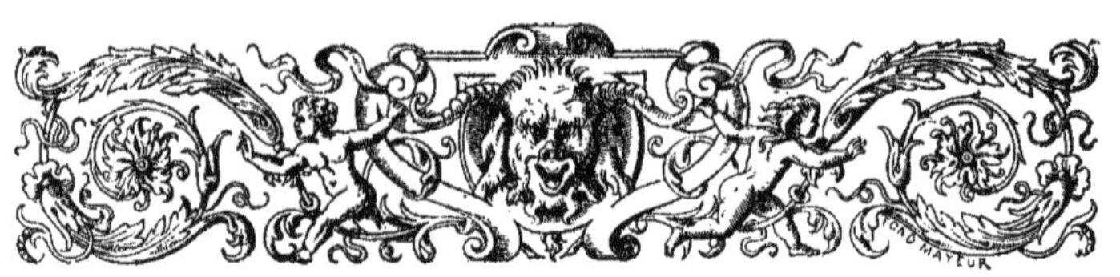

ARGENTERIE

558. — Gobelet en argent, gravé xviiiᵉ siècle.
  Haut. : 0ᵐ10.

559. Gobelet en argent, gravé xviiiᵉ siècle.

560. Samovar avec couvercle et réchaud.

561. Soupière Empire à couvercle.

562. 2 Légumiers Empire, à couvercle.

563. 2 Raviers Empire, cristal taillé.

564. — Cafetière à spirales.

565. — Cafetière unie.

566. Sucrier Louis XVI ciselé, couvercle à bouton à fraises.

567. — 2 Salières doubles Louis XVI à pyramide, ciselées.

568. 5 Salières simples Louis XVI, ciselées.

569. 2 Salières simples Louis XV, ciselées et gravées.

570. — 2 Moutardiers Louis XVI, à couvercle, ciselés.

571. 6 Plateaux à carafes, unis.

572. Plat ovale.
  Long. : 0ᵐ46.

573. 2 Plats ronds.
  Diam. : 0ᵐ30.

574. — 3 Plats ronds.

Diam. : o^m27.

575. Passoire à thé.

576. — Cuiller à sucre en poudre.

577. — Ecrin contenant 16 cuillers et 17 fourchettes d'entremets.

578. Ecrin contenant 17 couteaux, dont un incomplet.

579. Ecrin contenant une grande cuiller à servir le potage, une cuiller à ragoût, 4 brochettes, 18 cuillers à bouche, 23 fourchettes et 30 cuillers à café.

MANUSCRITS, RELIURES, LIVRES

580. — Livre d'Heures. — Manuscrit sur vélin avec enluminures du
XVe siècle. 1 vol. in-8° de 116 feuillets dans une reliure en veau aux
armes et au nom de Sœur Marguerite de Prunelle. 11 grandes miniatures à pleine page, encadrées de fleurs et de feuillages, et 130 pages
de texte également encadrées de fleurs et de rinceaux de feuillages.
Lettres capitales et lettrines ornées et enluminées.

581. — Livre d'Heures. — Manuscrit sur vélin avec miniatures du
XIVe siècle. 1 vol. in-8° de 135 feuillets, dans sa reliure veau ancien.,
ornée de dorures. Manuscrit contenant 13 très belles miniatures à
pleine page et 14 plus petites représentant les saints avec leurs
attributs. Lettres capitales et lettrines ornées et enluminées.

582. — Almanach royal. Années 1765, 1782, 1784 et 1788. 5 volumes
in-8°, rel. pl. maroq. r., dos ornés, dent. ou filets sur les plats, tr. d.
Armes de Louis-Alex. de Bourbon, Comte de Toulouse; Cte de
Vergennes; Marquis d'Entraigues; etc., etc.

583. — Carte de Lyon et du Beaujolais, gravée par Chalmandrier.
1 feuille pliée et montée en 1 vol. in-12, rel. veau f., aux armes de
Mme de Pompadour.

584. — *Callimachi Cyrenaei Hymni, Epigrammata. Parisiis*, 1675; 1 vol.
in-4°, rel. pl. maroq. r., tr. d., aux armes de Jean-Baptiste Colbert,
Marquis de Seignelay.

585. — Dictionnaire de la noblesse contenant les généalogies, l'histoire
et la chronologie des familles nobles, etc., par de La Chenaye-
Desbois, avec Supplément. Paris, 1770-86; 15 vol. in-4°, rel. veau m.,
aux armes des Le Roux d'Esneval.

586. — Discours sur l'histoire universelle par Bossuet. Paris, Didot, 1784; 1 vol. in-4°, rel. pl. maroq. r., dos orné, dent., tr. d. (rel. anc.). Armes.

587. Entrée triomphante de Leurs Majestez Louis XIV, roy de France et de Navarre, et Marie-Thérèse d'Autriche, son espouse, dans la ville de Paris, au retour de la signature de la paix généralle et de leur heureux mariage. Paris, 1662; 1 vol. gr. in-fol., rel. pl. maroq. r. (rel. fatig.). Armes. — 24 planches gravées.

588. — Etat général des postes de France 1787. 1 vol. in-12, rel. pl., maroq. r., tr. d., aux armes du duc de Coigny, maréchal de France.

589 Fables choisies mises en vers par J. de La Fontaine. Nouv. édit. gravée avec les figures par Fessard et le texte par Montulay. Paris, chez l'auteur, 1765-75; 6 vol. in-8°, rel. veau. — Figures et vignettes par Monnet, Loutherbourg, Le Clerc, Huet, Meyer, de S.-Quentin, Bardin.

590. — Lettre à M***, auteur du nouveau livre de l'Œconomie animale, par Besse. Paris, 1723; 1 vol. in-12, rel. pl. maroq. r., tr. d., aux armes de Philippe d'Orléans Egalité et de Marie-Adélaïde de Bourbon-Penthièvre.

591. *Missæ Pontificales una cum officio ad ritus sacrorum ordinum. Parisiis*, 1700; 1 vol. in-fol. rel. pl. maroq. r., tr. d., aux armes de Daniel Beaupoil de Saint-Aulaire, évêque de Tulle.

592. — Nobiliaire de Normandie, ou catalogue de la province de Normandie, disposé par ordre alphab., contenant les noms, qualitez, armes et blazons de tous les nobles de cette province. Fait et dressé sur la recherche de MM. les Intendants depuis 1666. Exécuté par Chevillard et perfectionné par Dubuisson, généal. et doreur du Roy. Paris, 1725; 1 vol. in-fol. rel. bas. m. (27 planches doubles de blasons).

593. Nobiliaire de la province de Normandie, fait et dressé sur les procès-verbaux des commissaires chargez de la recherche des nobles depuis le règne de Louis XI en 1463, jusqu'à celui de Louis XIV en 1666, et jusqu'en 1682 (par Barrin de la Galisonnière, Chamillard,

de Marle), contenant les noms, qualitez de tous les gentilshommes,
etc., etc. Recueil manuscrit (xviiie siècle), en 7 vol in-fol. rel. bas.
m., aux armes des Le Roux d'Esneval.

594. — Nouvelles Heures gravées au burin, dédiées au Roy par Duval.
Paris, chez Mariette. — Méditations dévotes sur les mystères de la
Passion appl. à la Messe. Texte et figures gravés en taille-douce par
Mazot. — Ensemble 2 vol. rel. maroq. anc.

595. — Offices de la Semaine sainte. Lot de 4 vol. in-8°, rel. en maroq.
anc., tr. d., aux armes et aux chiffres de divers personnages. (Marie-
Thérèse, reine de France, Philippe d'Orléans le Régent, etc.).

596. — La Pucelle, ou la France délivrée, poëme héroïque par Cha-
pelain. Paris, Courbé, 1656; 1 vol. in-fol. rel. veau m., aux armes
de Le Fèvre de Caumartin.

597. — Recueil traitant des affaires des finances des Païs-Bas autrichiens
et qui en détaille les revenus et la dépense (vers 1730). 1 vol. in-4°
manuscrit de 164 pages, rel. pl., b. m., aux armes du Prince de
Condé, gouverneur de Bourgogne et Bresse.

598 — La Sagesse de Louis XVI, manifestée de jour en jour. Paris, 1775;
2 vol. in-8°, rel. pl. maroq. r., dos et plats rich. ornés, tr. d., aux
armes du chancelier Maupeou. (L'ornementation des plats de ces
2 volumes est différente.)

599. — Les Statuts de l'Ordre du Saint-Esprit estably par Henri IIIe du
nom, roy de France et de Pologne, etc. Paris, Imp. roy., 1788;
1 vol. in-4°, rel pl. maroq. r , sur le dos, un semis de fleurs de lys et
de flammes, sur les plats, les armes royales et les attributs de l'Ordre
dans les coins.

600. — La Théotrescie ou la seule véritable religion, par l'abbé Hespelle.
Paris, 1780; 3 vol. in-12, rel pl. maroq. r., tr. d., aux armes du
chancelier Hue de Miromesnil.

601. — Traité sur les bleds, par de Saint-Mars (vers 1740). 1 vol. in-4°.
Manuscrit de 80 ff., rel. pl., maroq. r , dos orné, dent sur les plats,
tr. d., aux armes du Duc de Richelieu, pair et maréchal de France.

602. — Voyages pittoresques et romantiques dans l'ancienne France, par Nodier, Taylor et de Cailleux. — Normandie. — Paris, 1820-25 ; 2 vol. gr. in-fol. d. rel. mar. r. (rel. de Lejard).

603. — 5 Volumes divers reliés en veau et en maroquin, avec armoiries pontificales (Clément XI, Pie VI, etc.)

604. — 7 volumes in-8° et in-18, reliés en maroq. anc. aux armes de Ch. Maurice Le Tellier, archevêque de Reims ; Pierre de Bonzi, cardinal-archevêque de Narbonne ; de l'Abbaye de Saint-Victor de Paris ; etc., etc.

605. — 3 Volumes in-12, reliés en maroq. aux armes de Mesdames, filles de Louis XV (Adélaïde, Sophie, Victoire.)

606. — 10 volumes in-4° et in-8° (3 rel. en veau et 7 rel. en maroq., aux armes des chanceliers : d'Aguesseau, Séguier, Boucherat, Fleuriot, d'Armenonville, de Lamoignon ; des Présidents : Ménars, Joly de Fleury ; du conseiller Lambert de Thorigny, etc.

607. — 18 Volumes in-12 et in-18 reliés en veau anc., aux armes de Montmorency-Luxembourg, Camus de Pontcarré, Duchesse de Berry, Cardinal de Bourbon, Duc de Choiseul, Duc de La Vallière, Comtesse de Verrue, Marquise de Béthisy, etc., etc.

608. — 16 Volumes formats divers reliés en maroq. anc., aux armes de France, Marie-Leczinska, Maréchal Durfort duc de Lorges, de Machault, Prondre de Guermante, Cavelier, Duchesse d'Aiguillon, etc., etc.

609. — 26 Volumes formats divers, reliés en maroq. anc., dos ornés, dent. ou ff sur les plats.

610. — Ouvrages divers sur Louis XVII et la survivance. Environ 50 vol. en demi-rel. et 50 brochures. — Beauchesne, Le Normant des Varannes, Cléry, Gruau de la Barre, Provins, Beauchamp, Nauroy, Chantelauze.

611. — Ouvrages divers sur Jeanne d'Arc Environ 250 volumes ou br., dont 200 en demi-rel. — Wallon, Sarrazin, Ayrolles, O'Reilly, Siméon Luce, Fabre, Barthélemy, Dunand, Lanery d'Arc, Le Brun des

Charmettes, Vallet de Viriville, Michelet, Bouquet, Boucher de Molandon, etc , etc.

612 — Ouvrages divers sur Rouen et la Seine-Inférieure. Environ 160 volumes en demi-rel. — Farin, Dom Pommeraye, Hoüel, Fallue, Langlois, Cochet, Decorde, Le Roux de Lincy, de La Quérière, Deville, Ouin-Lacroix, Dergny, de Glanville, Sémichon, Abbé Loth, Revue de Rouen, etc., etc.

613. — Ouvrages divers sur la Normandie. Environ 100 volumes. — Amélie Bosquet, Dibdin, Langlois, Depping, Janin, Eude Rigaud, Orderic Vital, Pluquet, Floquet, Le Breton, Le Prevost, Goube, etc., etc.

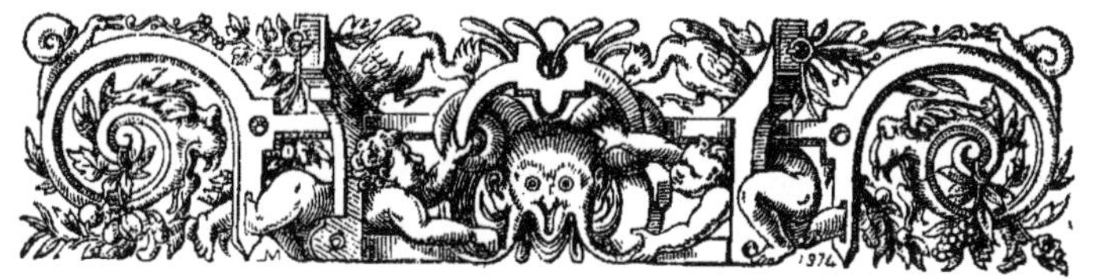

TIMBRES-POSTE

TIMBRES FISCAUX & ADMINISTRATIFS

614. — Album de feuilles mobiles : Luxembourg, Perse, Mexique, Pays-
Bas, Japon, Pérou, Guatemala, Indes Néerlandaises, Italie, Répu-
bliques Sud-Américaines, Madère et Mozambique. 2.900 exemplaires
oblitérés, dont environ 300 neufs avec gomme.

615. — Album Arthur Maury : Timbres d'Europe, 700 exemplaires.
Un catalogu· Yvert et Tellier, émission 1909.

616. — Album de feuilles mobiles : Etats du Nord de l'Europe, Espagne,
Italie, Etats de l'Eglise, Etats-Unis d'Amérique, Açores. 3.750
exemplaires, dont environ 160 neufs avec gomme.
Un catalogue Yvert et Tellier, émission 1910.

617. — Album universel A. Maury. Timbres émis par les Allemands
pendant l'occupation de 1870-71 ; France : quelques spécimens de
« piqûre Susse » ; importante collection française, Empire et République.
Réunion importante des colonies françaises : Indo-Chine, La Réunion, Côte-d'Ivoire, Le Gabon, Le Dahomey, Le Protectorat de la
Côte des Somalis, La Martinique, etc.
Quantité d'exemplaires neufs avec gomme : 2.330 exemplaires.
Une collection de vignettes imprimées pour titres d'album.

618. — Grand Album Yvert et Tellier. Orange River Colony, Afrique
Centrale, Nevis, Sainte-Hélène, Zoulouland, Sainte-Lucie, Niger

Coast Protectorate, Gold Coast, Saint-Vincent, Curaçao, Heligo-
land, etc.

850 exemplaires, en majorité neufs avec gomme.

71 Paires de neufs avec différents millésimes : « F. M. en paire ».

85 Blocs de quatre, neufs, de premier ordre, dont à signaler : Ber-
mudes, un bloc neuf de 12 timbres avec surcharge très nette de
« One Farthing » ; un bloc de 20 timbres neufs, Empire français,
un centime, vert olive 1869.

Essais français *authentiques*, nuances variées à l'effigie de Napoléon III,
du Prince Impérial et de la République de 1872 ; 39 timbres de premier ordre et 17 blocs.

Le reste de la collection, 105 timbres français de 1853 à 1860.

619. — Timbres rares isolés, de tous pays, à l'état neuf avec gomme.
Collection des journaux et timbres-télégraphe ; intéressantes oblité-
rations 1868-70, avec spécialités suivantes : Gare du Nord, Rouen-
Préfecture, etc. Total : 258 timbres.

620. — Album de feuilles mobiles : Colonies Portugaises, Prusse, Roumanie, Russie, Salvador, Saxe, Serbie, Soudan, Suède, Suisse, Turquie,
Grande-Bretagne, Venezuela, Transvaal, Terre-Neuve, Canada, Tas-
manie, Queensland, Nouvelle-Zélande, Nouvelle-Galles du Sud,
Natal, Maurice, Jamaïque, Ceyland, Bornéo, Australie du Sud,
Indes anglaises, Portugal et Siam
3.100 exemplaires, dont quelques neufs.

621. — Réserve de 5.000 timbres courants oblitérés provenant de tous les
États d'Europe.

622. — Collection de timbres fiscaux sur album de fantaisie.
1° Un Catalogue général de timbres fiscaux par A. Forbin, émission
1909, désignation Empire français (Finances), timbres de dimen-
sion, effets de commerce, timbres-quittances (toutes valeurs), « Law
Stamp » (tribunaux États-Unis), « Court Fee » fiscal du Gouverne-
ment des Indes, connaissements, fiscaux de la Grande-Bretagne et des
États-Unis d'Amérique, Autriche-Hongrie, Russie, Italie, Roumanie,
Perse, Uruguay, Mexique, Canada.

« *Timbres réclame* » des Expositions européennes depuis 1864, ainsi que
celui de l'Exposition de Jérusalem en 1898.

Un Billet de banque de la République Argentine démonétisé.
Total 1420 timbres.

623. — Collection de 80 timbres administratifs découpés sur actes *officiels*
de 1792 à 1870.
70 Vieilles empreintes officielles en usage dans le département de la
Seine-Inférieure.
Planche de 27 anciens cachets de cire officiels de 1712 à 1816.

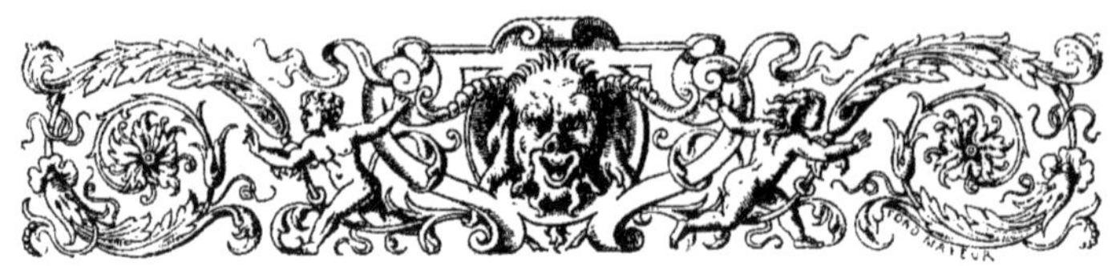

GRAVURES ET IMAGES

624. — Collection d'Estampes tirées en noir ou en couleurs et divers dessins offrant comme sujets principaux les portraits de personnages originaires de la Normandie ou dont l'histoire se rattache à celle de la région normande. Environ 1.000 pièces, la plupart sur bristol et encollées; le surplus encadré.
Ce lot pourra être divisé.

625. — Collection d'Estampes, de Lithographies, de Reproductions diverses relatives à Jeanne d'Arc. Environ 1.500 pièces sur bristol et en cartons; quelques-unes encadrées.
Ce lot pourra être divisé.

626. — Collection d'Estampes et de Reproductions diverses relatives à Pierre et à Thomas Corneille Environ 800 pièces sur bristol et en cartons; quelques-unes encadrées.
Ce lot pourra être divisé.

627. — Collection d'Estampes et de Reproductions diverses relatives à Charlotte Corday. Environ 700 pièces sur bristol et en cartons ; quelques-unes encadrées.
Ce lot pourra être divisé.

628. — Collection d'Estampes et de Reproductions diverses relatives au Dauphin Louis XVII. Environ 300 pièces sur bristol et en cartons.
Ce lot pourra être divisé.

629. — Collection d'Estampes et de Reproductions de toutes sortes relatives à l'Empereur Napoléon Iᵉʳ. Environ 600 pièces sur bristol et en cartons.
Ce lot pourra être divisé.

630. — Collection d'environ 1.200 *Ex-libris*, pour la plupart gravés, des XVIIe, XVIIIe et XIXe siècles, sur bristol et en cartons.
Ce lot pourra être divisé.

631. — Divers Recueils de réductions d'affiches et de reproductions d'œuvres d'artistes, tels que Messonnier, Devéria, Gavarni, Charlet, Bellanger, etc.
Ce lot pourra être divisé.

632. — Meubles usuels, comprenant notamment : Meuble important de salle à manger, Lits et Literie, Armoires, Commodes, Tables diverses, Sièges, Rideaux, Tapis, Batterie de cuisine, Services de table, etc., etc.

ORDRE DE LA VENTE :

Lundi 12. — Tableaux, Bronzes.
Mardi 13. — Meubles, Tapisseries, Bronzes.
Mercredi 14. — Sculptures, Miniatures, Argenterie, Bibelots.
Jeudi 15. — Manuscrits, Livres, Ex-libris, Timbres-poste, Bijoux.
Vendredi 16. — Céramiques, Bijoux.
Samedi 17. — Gravures.

TABLE DES MATIÈRES

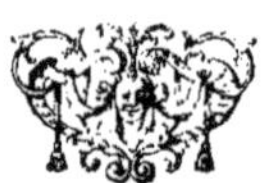